Makaren
摩訶蓮

マカレン数秘術

新しい運命を開く

青春出版社

はじめに

私はこれまでに、自身が考案した「マカレン数秘術」で、約4万人を占ってきました。横浜中華街を拠点に、恋愛に悩む女性から仕事で成功したい経営者、芸能人や政治家まで、さまざまな人のさまざまな悩みに対し、「数字」をもとにアドバイスをしてきました。

占った人からは、

「当たりすぎて怖いです」

「どうしてそんなことまでわかるんですか」

とよく言われますが、これには理由があります。

よく知られている数秘術は、生年月日をもとに数字を出していきますが、「マカレン数秘術」は、生年月日に加えてその人の名前も数字に置き換えていくことで、より詳しく「その人」を観ることができるのです。

持って生まれた数字を解き明かすと、その人の本質がみえてきます。それによって、その人がどう生きてきたか、これから先どう生きようとするかをつかむことができます。また、仕事や家族といった環境要因を絡めていくことで、いろいろなことがみえてきます。

自分を占えば、それまで気づかなかった自分の本質や才能を知ることもできますし、周囲の人を占えば、その人といかにコミュニケーションをとっていくといいかがわかります。

さらには、9年周期の「運命サイクル」を知ることもできます。人生において次にどんな波がやってくるかを知ることで、準備を整えておくことができるのです。

過去のことも現在のことも未来のこともわかる。「マカレン数秘術」は人生を生きるうえで、強力な武器となるのです。

占いに興味がある人は、「自分がこれからどうなるのか」を知りたいと思っている人が多いのではないでしょうか。

しかし「マカレン数秘術」は、「自分がこれからどうするか」を考えるヒントとなるものです。流されるのではなく、主体的に生きるためのツールなのです。

ですから、ほかの占いにあるような「今年はこれをやってはいけない」「来年はこうすべき」といったものはありません。それよりも大切なのは、「自分がどう生きたいか」「自分がやりたいことを実現するためにはどうすればいいか」なのではないでしょうか。

それを知る鍵は、あなたの数字に隠されています。

私は現在も鑑定をおこなっていますが、私1人で占える人数には限りがあります。テレビ出演をきっかけに、近年では予約も取りにくくなってしまいました。

そこで、これまでオープンにしてこなかった私のオリジナルの「マカレン数秘術」を、数字の出し方から解釈まで、一挙公開することにしました。そうして生まれたのがこの本です。

「マカレン数秘術」では、生年月日や名前から10種類の数字を出して占っていきますが、誰でも簡単に数字が出せるよう、巻末に計算フォーマットも入れました。実際に数字を出してみたうえで本書を読まれると、より理解が深まると思います。ぜひご活用ください。

また、数字の意味は、必ずしも1つではありません。人に長所と短所があるように、見方によって数字の意味は変わってきます。そのため、数字をイメージできるよう、第2章では数字を擬人化したイラストとキーワードを載せました。数字の解釈に迷ったときは、ぜひこのページを見返していただければと思います。

それでは、あなたの新しい運命の扉を開く「マカレン数秘術」をお伝えしていきましょう。

『マカレン数秘術』目次

第2章

数字からのメッセージ

1〜22の数字を読み解く

第3章

10の数字でその人のすべてがわかる！

マカレン数秘術の基本の占い方

第4章

数字が教えてくれる「本当の自分」

根本にある「核数」の影響力

第5章

仕事、恋愛・結婚、子育ての数字別アドバイス

人生を好転させる数秘術

目次

本文デザイン　ベラビスタスタジオ
本文イラスト　DONA
編集協力　樋口由夏

第1章

マカレン数秘術が怖いほど当たる理由

答えは生年月日と名前のなかにある

「この日に生まれた、この名前の人」を占う数秘術

いわゆる星占いといわれる西洋占星術、四柱推命などの東洋占星術、タロットなど、占いにはいろいろなものがありますが、この本で紹介する数秘術は「数字」を使って占います。

1つひとつの数字は、深い意味を持っています。

「たかが数字」と思われるかもしれませんが、あなたの、そしてあなたの家族や身近にいる人がどのような数字を持っているのか、それを読み解くことによって、その人自身も気づいていない性格傾向や才能を解き明かすことができるのです。

数秘術のなかでもっともよく知られているのが「カバラ数秘術」です。カバラ数秘術の発祥は古代ユダヤにあるといわれています。カバラとは、ユダヤに伝わる神秘主義思想のこと。そこから誕生したのがカバラ数秘術で、多くの数秘術はこのカバラ数秘術をベースにしています。

例えば、生年月日を西暦にして、「1＋9＋8＋0＋1＋0＋2＋5」（1980年10月25

日生まれの例）とすべて足していき、最終的に1ケタになった数字を占う方法はよく知られています。生年月日さえわかれば誰でも簡単に計算できるので、試したことがある人も多いのではないでしょうか。

この本で紹介する「マカレン数秘術」は、このようなもともとある数秘術に、私独自の解釈を加えて発展させたものです。

その特徴をひとことで言うと、〝この日に生まれた、この名前を持った人〟を占う数秘術。生年月日だけでなく、名前も融合させることで〝その人〟を観ていくのです。

例えば双子は同じ生年月日ですね。生まれた時間も場所もほぼ同じですから、西洋占星術のホロスコープ上でも大きな違いがありません。

では、双子の運命や性格、生まれ持った才能は同じなのでしょうか。あなたが知っている双子の組み合わせを思い返してみても、違うとわかるのではないでしょうか。

もちろん生年月日が同じですから、ある部分では同じかもしれません。でも名前を組み合わせるマカレン数秘術では、同じ日に生まれた双子にも大きな違いがあらわれ、違う運勢がみえてくるのです。

数秘術では、名前を占うこともできるため、私はその人の名前も占うようにしてきました。

しかし、多くの人を占っていくうちに、生年月日と名前を別々に扱うことに疑問を感じるようになったのです。そこで、生年月日と名前を組み合わせることでさまざまな数字を出し、1人ひとりを占っていくうちに、かなり細かくその人を観ることができるようになりました。

先ほど例にあげた双子のような同じ生年月日の人、あるいは同姓同名の同じ名前の人でも、生まれ持った性格や才能、運命の流れが違う理由は、これで説明がつきます。

生年月日と名前を組み合わせて観るからこそ、〝その人〟個人をより深く知ることができる。

これが、マカレン数秘術がほかの占いや数秘術と大きく違う点なのです。

生年月日と名前に秘められたメッセージ

マカレン数秘術では、西暦を用いた生年月日と、名前を使って占うとお話ししました。

生年月日は、言ってみれば神様から決められたものです。一方で**名前は、親からもらったもの**ですから、親の強い想いが込められています。生年月日は自然なもの、名前は人為的なものと言い換えてもいいでしょう。

もっと言えば、**宇宙が決めたものと親が意図的に決めたもの。それが合わさってはじめて"あなた"ができているの**です。あなたの運命を縮図にしたものが、マカレン数秘術であるといってもいいかもしれません。

ちなみに、名前は戸籍に登録されているものを使用します。また、名前はアルファベット表記にし、それを数字に置き換えて観ていきます。

もともと数秘術では、アルファベットはそれぞれ数字的な意味があると考えられています。言葉に「言霊《ことだま》」があるように、数にも「数霊《かずたま》」があるといわれ、ある種のパワーを持っているとされています。もちろん日本だけではなく世界的にも、古くから数には意味があり、ものの本質や性格を読み解いていくという考え方が根づいていました。

子どもの名前を考えるときに、姓名判断を頼りにする人もいるでしょう。日本の姓名判断の多くは、漢字の意味や画数を参考にしています。

漢字というのは文字そのものに意味があるので、子どもの名前を考えるときも、その意味を吟味して名前をつけます。そこには漢字の意味をわかったうえで名前をつける、親の想いが込められています。それ自体は素晴らしいことですが、数秘術の視点では、漢字そのものは子どもの性格や才能には大きく影響しないと思われます。

それよりも**大切なのは名前の「音《おん》」**です。

例えば「ヤマモトエリ」さんという名前の女性がいたとします。

ヤマモトエリさんはきっと子どものときから、「エリ」「エリちゃん」と呼ばれてきたはずです。すると「エリ」という音は、彼女のプライベートでの思考回路に深くつながっていることになります。

一方で「ヤマモトさん」と呼ばれるときは、学校や会社など公《おおやけ》の場であることが多いでしょう。すると「ヤマモト」という音は、彼女の公の場での思考回路に深くつながっていくのです。

このように音というものは、私たちが想像する以上に、意識の深いところに影響を与えています。

そのため、**マカレン数秘術では、生年月日に加え、名前の音の持つ意味を数字にして読み解くことで、その人が本来持っている性格や才能を観ていきます。**

性格、仕事、恋愛、結婚から運命までわかる!

数秘術とは、数を使って人間の持って生まれた性格や才能、運命を解き明かすものです。その人が持っている性格の傾向や使命、それを果たすための才能はもちろん、仕事の適性、恋愛傾向や結婚、人間関係、自分が失敗しやすいところ（弱点）、過去、現在、未来のことから、心の奥深くに隠された本質などについてもわかります。

これらを読み解くために、マカレン数秘術では**10種類の数字**（**構成数**）を出して占っていきます。

自分自身はもちろん、生年月日と名前がわかれば誰でも占えます（のちほど述べますが、名前だけでも部分的に占うことができます）。家族や友人、上司・部下、恋人など、あなたの気になる人が本当はどんな人なのかがわかるのです。

私のところに来る方で多いのは、恋人や結婚を考えている人を占ってほしいというもの。相手の数字を読み解くことで、自分との相性を観てほしいという相談です。

単純に男と女としての相性なるものも当然わかりますが、つきあっていくとか、特に同棲、結婚ということになると、仕事やお金といった現実的な価値観や、親との接し方、プライベートの過ごし方などなど、さまざまな生活に関する価値観、感覚の差異が、2人にどう影響するかがみえてきます。

そして、結婚して姓が変わる側（多くの場合女性）の結婚による影響もみえてきます。これをヒントに最良の選択をしてほしいというのが、私の想いです。

また、姓名判断とは異なりますが、これから生まれる赤ちゃんについて、名前の相談を受けることもあります。

例えばおなかに赤ちゃんがいて、計画出産などで出産予定日（つまり生年月日）が決まっていれば、姓名判断のような形で子どもにつける名前を観ることもできます。

お子さんの名前候補がいくつかあれば、「この日に生まれてこの名前をつければこんな性格、運命になるだろう」など、いくつかのパターンがわかるのです。あとを継いでほしい、自立して生きていける子にしたい、幸せな結婚をしてほしいなど、どんなふうに育ってほしいかで名前をつけることも可能になります。

誤解しないでいただきたいのですが、この名前だからいい性格、悪い性格ということはありません。**マカレン数秘術は、「自分とは何かを知る」ものですから、そこに「いい」「悪い」というジャッジはない**のです。

完璧な名前などなく、どんな名前をつけても一長一短はあります。大切なのは、**自分が持って生まれた数字を活かして、いかに幸せになるか**ということです。このような考え方は、今子育てに悩んでいる親御さんも参考にしていただければと思います。

さらにマカレン数秘術では、9年周期のライフサイクルもわかります。人生の流れを1年ごとにみていくことで、結婚や転職、引っ越しなど、自分の転機やよりよいタイミングがみえてきます。ライフサイクルについては第6章で詳しくお伝えしていきます。

3つの数字のグループ

マカレン数秘術で扱う数字は、「1〜9」、そして「11」と「22」の合計11個です。

1つひとつの数字が持つ基本的な意味は第2章で解説しますが、マカレン数秘術では、この11個の数字を、大きく3つのグループに分けています。

３つのグループは、それぞれ**「現実性」「知性」「精神性」**というカテゴリーに分かれています。

「現実性」のグループは、キーワードにあるとおり、お金や仕事や利益といった現実的な成果を求める数のグループです。権力、安定、支配、独立という言葉からもわかるように、自分のためになるようなものと言い換えてもいいでしょう。

「知性」をあらわす数字は「7」のみです。「7」はズバリ、知性や教養、自己納得、自己探求の数字です。数字の意味についてはあとで詳しく説明しますが、「私って何？」「私がこれをやらなくてはならない理由は何？」という気持ちで常に物事に対面しています。とても頭がいいので「自分が納得しないことはやりたくない」という強いこだわりがあります。

「精神性」のグループは、「現実性」と相反するような位置づけになります。人助けや感性、感受性、宗教、家族、セクシュアリティという言葉からわかるように、自分のためよりも人のためになるようなこと、現実的な成果よりも精神性の高いものを求める数字のグループです。

実際に数字（構成数）を出していくと、この**3つのグループが交じり合った形**で出てきます。その数字の並び方を読んだり、その数がどこにあるかによって、その人は現実的なものが強い人なのか、知性が強い人なのか、精神的なものが強い人なのかがみえてくるのが面白いと

「数字」には３つのグループがある

1　4　5　8　22
現実性（リアリティ）
お金、仕事、利益、安定、権力、支配、独立、現実的成果

7
知性（インテリジェンス）
知的探求、知性、自己納得、自己探求

2　3　6　9　11
精神性（スピリチュアリティ）
精神性、人助け、感性、感受性、セクシュアリティ、家族、宗教、スピリチュアリティ

7（知性）、**11**（精神性）、**22**（現実性）は、特徴のある数字として扱う。

ころです。

また、人によってはかなり数字に偏りが出てくることもあります。

読み取り方は単純ではありませんが、「現実性」のグループの数字が多い人は、現実的な成果を多く求める傾向があります。「精神性」のグループの数字が多い人は、現実的な成果よりも精神的なものを求める傾向があります。

そして数字のなかで、特徴のある数字として扱うものがあります。

それが「7（知性）」「11（精神性）」「22（現実性）」の3つです。

詳しい説明はあとに譲りますが、「知性」の「7」が多い人は、頭脳明晰《めいせき》でこだわりがあり、知的探究心が強い数字です。また、「11」は感

受性が強い数字です。「22」は、そもそもあまり出てこない数字なのですが、現実性が特に強く、大物感がある数字です。

ほかの数字との組み合わせにもよりますが、これらの3つの数字が構成数に出てきたときは、少し注意して観るようにします。

10の「構成数」とその意味

マカレン数秘術では、生年月日や名前から10種類の数字を出して占います。これを「**構成数**」と呼びます。

まずはそれぞれの構成数とその意味について説明しましょう。

●誕生数……表面的な性格傾向

表に出ている性格傾向をあらわす、大事な数字です。誕生数には「I」「II」「影数」の3つがあります。

「誕生数I」は、もっとも表面に出てくる性格傾向です。**「誕生数II」**は、誕生数Iで出る表

構成数でわかること

構成数	キーワード	説明
誕生数（Ⅰ、Ⅱ、影数）	表面的な性格傾向	Ⅰは表の性格。ⅡはⅠを支える意味。影数はかげで影響を与えている数字
社会数	コミュニケーション	人とのつきあい方。社会とのかかわり方
魂　数	欲求	こうありたいという内に秘めている欲求
外見数	印象	人に与える印象。人からどう見られているか
使命数	役割	その人の使命。役割。目指しているもの
家系数	仕事	外、公での役割。仕事の適性
自我数	プライベート	親子関係、恋愛などのプライベート
演技数	意識	自分はこう見られたいという思い。意識していること
隠　数	弱点	その人の弱点。ネガティブな部分
核　数	根本的価値観	その人の核になるもの。深いところで自分を支えている価値観

１番重要な構成数は核数。２番目に重要なのが誕生数Ⅰ。

面的性格を支える意味があります。

「影数」は、誕生数Ⅰと誕生数Ⅱを足した数で、ⅠとⅡで出てきた数字の影響力がかげでどう動くかを見る、〝影の数字〟になります。

「誕生数Ⅰ」がその人のもっとも特徴的性格だと思われがちなのですが、誕生数で出るのはあくまでも〝表面的な〟性格傾向ですから、その数字の意味だけで性格を決めつけると、あとで出てくる**「核数」**によってはどんでん返しが起こることもあるので、柔軟に観ていく必要があります。

また、誕生数Ⅰ、Ⅱの数によっては、影数がないこともあります。

●社会数……コミュニケーション

人とのつきあい方、社会とのかかわり方、

自分の社会に対するアプローチの仕方などをあらわします。コミュニケーション能力なども観ることができます。

●魂数……欲求

自分の心のなかにある、「こうしたい」「こうありたい」という思い、内に秘めている欲求をあらわすのが魂数です。ですから、本人が普段から言葉にしたり、表現をしたりしている欲求とは違うものになります。

●外見数……印象

人に与える印象や見た目の印象、人からどうみられているかをあらわす数字です。

●使命数……役割

その人の使命や役割、目指すところをあらわす数字です。自分の使命や役割がわからない場合、この数字がそれを読み解くヒントとなります。ただしそれが実現できるかどうかは、ほかの数字があらわす性格傾向の影響を受けます。

●家系数……仕事

公での役割や、仕事の適性などをあらわす数字です。わかりやすく言えば、仕事場などでみられる、その人の外面的な部分です。

●自我数……プライベート

親子関係、恋愛関係、夫婦関係などのプライベート性の高いところで出す自分をあらわします。家系数が外面《そとづら》であるのに対して、自我数は内面《うちづら》をあらわします。

例えば、外面である家系数で人当たりがいい数字が出ても、自我数で自分を強く出す数字が出れば、プライベートではわがままであることがみえてきたりします。

●演技数……意識

自分はこうみられたいという思いや、意識している自分をあらわします。外見数が「人からどうみられているか」をあらわす数字であるのに対して、演技数は「自分が人からどうみられたいか」をあらわす数字ということになります。

●隠数……弱点

その人の弱点や欠点、ネガティブな部分をあらわします。自分を苦しめる部分や、やってはいけないこと、戒《いまし》めになることなどが、ほかの数字と絡めてみると浮き彫りになってきます。

●核数……根本的価値観

その人の核になるもの、1番深いところにある、自分を支えている価値観をあらわす数字です。**マカレン数秘術でもっとも重視している数字**です。

この数字次第では、ほかの数字の意味合いもガラリと変わってしまうことがあるほど、強い影響力があります。

もっとも重要なのは「核数」

「1〜9、11、22」の11個の数字にはそれぞれ基本的な意味が込められていますが、構成数

構成数の土台には「核数」がある

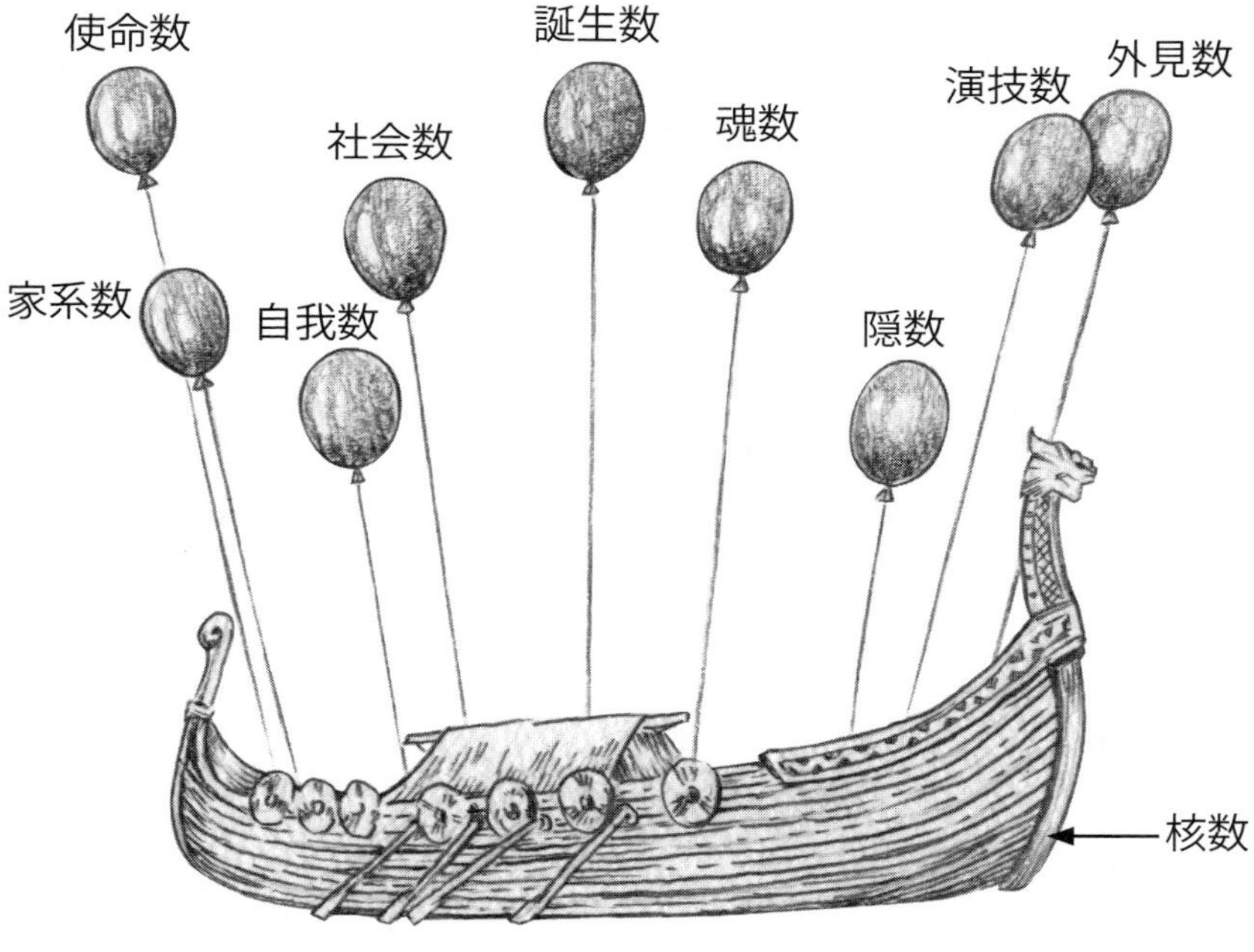

のどこにどの数字があるかによって、数字の解釈が変わってきます。

この構成数別の数字の解釈の仕方については第3章で解説しますが、構成数のなかで1番重要なのは、なんといっても「核数」です。

マカレン数秘術の最大の特徴は、核数にあります。これは、私が数秘術で多くの人を占っていくなかで発見しました。

核数を発見したとき、この数字が本当に誰にでも当てはまるものかどうか、有名人から身近な人まで、ありとあらゆる人で試してみました。そうして「これは間違いない」とはっきり確信したのです。

核数は、もっとも奥深いところにある自分を支える価値観をあらわす数字だと述べました。自分のベースであり、土台であり、ほかの数字に大きな影響を与えるものなのです。

イメージ的には、29ページのイラストのように、**核数という母船**から誕生数や魂数、家系数や使命数などの構成数が風船のように飛び出して、つながっているような感じです。

例えば、核数が比較的弱い数字なら、そこから飛び出した数字がどんなに強いものでも、「本当は繊細なのに、強がってみせているだけ」などといった解釈ができます。

逆に、外面的に出てくる数字はやわらかい数字でも、核数に強い数字があれば、「外には出さなくても、自分という確固としたものを持っている」など、その解釈が変わってくるのです。

数字を出すときの4つのルール

マカレン数秘術では、生年月日（西暦）と名前（フルネーム）を使って計算していくことで、数字（構成数）を出します。その際に基本となる4つのルールがあります。計算を間違えてしまうと正しい数字を出すことができないので、しっかり押さえておきましょう。

【ルール1】数字を1ケタになるまで足していく

生年月日や名前などを1ケタになるまで足していきます。正確に数字を出すためには、電卓があると便利です。

《例》

生年月日が1996年9月14日の場合
「1＋9＋9＋6＋9＋1＋4＝39」→「3＋9＝12」→「1＋2＝3」

【ルール2】「11」「22」はそのまま使う

ルール1の例外として、「11」「22」は分解しないでそのまま使います。

《例》

計算していった合計の数が「11」か「22」になった場合。

○ そのまま「11」「22」として使う。

計算過程で「11」「22」が出た場合も「1＋1」「2＋2」とせずに、そのまま「11」「22」を足していく。

× 「1＋1」「2＋2」と分解して1ケタになるまで足す。

ちなみに、生年月日の計算過程で「11」か「22」が出るケースは、西暦「2011年」「2022年」、生まれ月の「11月」、生まれ日の「11日」「22日」があります。

西暦2011年は「2＋0＋11」とし、西暦2022年は「2＋0＋22」として計算していきます。生まれ月日が11月11日の人は「11＋11」、9月22日の人は「9＋22」として計算していきます。

また、合計した数が3ケタになり、「101」「110」が出た場合は、「1＋0＋1」「1＋1＋0」＝「2」とせずに、「11」とします。

【ルール3】構成数を足すときは、1ケタにする前の「合計数」で計算する

正しい数字を出すためには、全部の数字を足して1ケタにする前の合計した数（合計数）がとても大切です。構成数のなかには「誕生数Ⅰ＋魂数」といった構成数同士を足して計算するものもあります。このとき、1ケタの数字同士を足すのではなく、合計数を使って計算し、1ケタになるまで足していきます。

《例》

誕生数Ⅰの合計数「38」↓「3＋8＝11」、魂数の合計数「29」↓「2＋9＝11」で、核数（誕生数Ⅰ＋魂数）を計算する場合。

○「（誕生数Ⅰの合計数）38＋（魂数の合計数）29」＝「67」↓「6＋7＝13」↓「1＋3＝4」

×「（誕生数Ⅰ）11＋（魂数）11」＝「22」

このように、計算の仕方を間違えると、例えば核数「4」が正しいのに核数「22」が出てしまう、といったことが起こってきます。なかには合計数で計算しても1ケタの数字で計算しても、最終的に同じ数字が出ることがありますが、正しい数字が出るよう、日頃から合計数で計算するようにしましょう。

【ルール4】名前は戸籍登録しているものを、ヘボン式ローマ字表記にする

生年月日はそのまま数字として使いますが、名前はまずアルファベットにし、そこから「A＝1」「B＝2」といったように変換したうえで計算していきます。35ページの変換表をもとに、数字に置き換えてください。

名前はヘボン式ローマ字で表記します。また、戸籍に登録されているものを使うようにしてください。

構成数の計算方法

では、10種類の数字（構成数）の出し方を説明していきましょう。

なお、この本では誰でも簡単に数字を出せるよう、「マカレン数秘術パーソナルシート」という計算フォーマットを用意しました（巻末にありますので、コピーしてご利用ください）。

ここでは記入例（40〜41ページ）をもとに、実際にどのように計算していくのかを詳しく解説していきますので、あわせて参考にしてください。

名前を数字にする方法

1．戸籍登録している姓名をヘボン式ローマ字表記にする。

ヘボン式ローマ字表

あ	か	さ	た	な	は	ま	や	ら	わ
A	KA	SA	TA	NA	HA	MA	YA	RA	WA
い	き	し	ち	に	ひ	み	―	り	ゐ
I	KI	SHI	CHI	NI	HI	MI	―	RI	I
う	く	す	つ	ぬ	ふ	む	ゆ	る	―
U	KU	SU	TSU	NU	FU	MU	YU	RU	―
え	け	せ	て	ね	へ	め	―	れ	ゑ
E	KE	SE	TE	NE	HE	ME	―	RE	E
お	こ	そ	と	の	ほ	も	よ	ろ	を
O	KO	SO	TO	NO	HO	MO	YO	RO	O

濁音・半濁音

が	ざ	だ	ば	ぱ
GA	ZA	DA	BA	PA
ぎ	じ	ぢ	び	ぴ
GI	JI	JI	BI	PI
ぐ	ず	づ	ぶ	ぷ
GU	ZU	ZU	BU	PU
げ	ぜ	で	べ	ぺ
GE	ZE	DE	BE	PE
ご	ぞ	ど	ぼ	ぽ
GO	ZO	DO	BO	PO

拗音

きゃ	しゃ	ちゃ	にゃ	ひゃ	みゃ	りゃ	ぎゃ	じゃ	びゃ	ぴゃ
KYA	SHA	CHA	NYA	HYA	MYA	RYA	GYA	JA	BYA	PYA
きゅ	しゅ	ちゅ	にゅ	ひゅ	みゅ	りゅ	ぎゅ	じゅ	びゅ	ぴゅ
KYU	SHU	CHU	NYU	HYU	MYU	RYU	GYU	JU	BYU	PYU
きょ	しょ	ちょ	にょ	ひょ	みょ	りょ	ぎょ	じょ	びょ	ぴょ
KYO	SHO	CHO	NYO	HYO	MYO	RYO	GYO	JO	BYO	PYO

注意が必要な例

・タロウ →	TARO	末尾の長音の「お」は「O」と表記する。 長音の「う」は「U」を表記しない
・オオイシ →	OISHI	末尾以外の長音の「お」は「O」を表記しない
・ジュン →	JUN	「ん」は「N」で表記する
・ホンマ →	HOMMA	「ん」はローマ字表記が「B、M、P」の前は「M」で表記する
・ハットリ →	HATTORI	促音はローマ字の子音を重ねて表記する
・ハッチョウ→	HATCHO	「CH」の前は「T」で表記する

2．アルファベットを数字に変換する。

アルファベット数字変換表

1	2	3	4	5	6	7	8	9
A	B	C	D	E	F	G	H	I
J	K	L	M	N	O	P	Q	R
S	T	U	V	W	X	Y	Z	

「A、E、I、O、U」は母音。それ以外は子音。

●誕生数Ⅰ

誕生日の西暦、月、日の数字をすべて分解して、順番に足していきます。合計数が2ケタになった場合は、1ケタになるまで足していきます。1ケタの数字が出た場合は、それが誕生数Ⅰの数字です。

●誕生数Ⅱ

生まれ日がそのまま誕生数Ⅱになります。

※生まれ日が「11日」「22日」の人は、誕生数Ⅱはそのまま「11」「22」となります。

●影数

誕生数Ⅰと誕生数Ⅱを足した数になります。影数が2ケタになる場合は、1ケタになるまで足します。

※誕生数Ⅰか誕生数Ⅱのどちらかが「9」の場合は、影数はありません（誕生数ⅠかⅡと同じ数が出るため）。

例外として、もう一方の誕生数が「2」と「22」の場合のみ、影数が出ます（つまり誕生

構成数の出し方

構成数	出し方
誕生数Ⅰ	生年月日の合計
誕生数Ⅱ	生まれ日の合計
影　　数	「誕生数Ⅰ」と「誕生数Ⅱ」の合計。Ⅰ、Ⅱのどちらかが「9」のときは影数なし。ただし、「9」に足す数字が「2」「22」の場合を除く
社 会 数	姓と名の数字の合計
魂　　数	姓名のなかの母音の数字の合計
外 見 数	姓名のなかの子音の数字の合計
使 命 数	「誕生数Ⅰ」と「社会数」の合計
家 系 数	姓の数字の合計
自 我 数	名の数字の合計
演 技 数	「外見数」と生まれ月の合計
隠　　数	イニシャルの数字の合計
核　　数	「誕生数Ⅰ」と「魂数」の合計

社会数、魂数、外見数、家系数、自我数、隠数は、姓や名をアルファベット表記にし、それを数字に変換して計算する。

数Ⅰが「9」で誕生数Ⅱが「2」、または誕生数Ⅰが「2」で誕生数Ⅱが「9」ならば、影数「11」となります。さらに、誕生数Ⅰが「9」で誕生数Ⅱが「22」、または誕生数Ⅰが「22」で誕生数Ⅱが「9」ならば、影数「4」となります）。

●社会数

名前（フルネーム）をヘボン式ローマ字で表記し、数字に変換したものの合計数を、1ケタになるまで足していきます。

●魂数

名前（フルネーム）をヘボン式ローマ字で表記し、数字に変換します。そのうちの母音を合計し、1ケタになるまで足していきます。

●外見数

名前（フルネーム）をヘボン式ローマ字で表記し、数字に変換します。そのうちの子音を合計し、1ケタになるまで足していきます。

※実際に計算する際は、子音の足し算よりも、「社会数（名前のローマ字）−魂数（名前の母音）」の引き算のほうが簡単に出せるため、「マカレン数秘術パーソナルシート」では引き算で計算するようになっています。社会数の合計数から魂数の合計数を引き、1ケタになるまで足していきます。

●使命数

誕生数Iを1ケタ換算する前に出した合計数と、社会数を1ケタ換算する前に出した合計数を足したものです。合計数が1ケタになるまで足します。合計数が3ケタになる場合もありますが、同様に1ケタになるまで足してください。

●家系数

姓をヘボン式ローマ字で表記し、数字に変換したものの合計を、1ケタになるまで足していきます。

●自我数

名をヘボン式ローマ字で表記し、数字に変換したものの合計を、1ケタになるまで足していきます。

●演技数

演技数は、外見数を1ケタ換算する前に出した合計数に、生まれ月を足したものです。合計数が2ケタになった場合は1ケタになるまで足します。

●隠数

イニシャルのローマ字を数字に変換したものの合計を、1ケタになるまで足していきます。

●核数

誕生数Iを1ケタ換算する前に出した合計数と、魂数を1ケタ換算する前に出した合計数を足したものです。合計数が2ケタになった場合は1ケタになるまで足します。

❶誕生数Ⅰ……生年月日の合計
誕生日の西暦、月、日の数字をすべて分解して、順番に足していく。合計数が２ケタになった場合、１ケタになるまで足す（ただし合計数Ａが「11」「22」になった場合はそのままにする）。合計数Ａ「39」→「３＋９＝12」なので、「１＋２＝３」。

❷誕生数Ⅱ……生まれ日の合計
生まれ日を足したもの（「11日」「22日」はそのままにする）。「１＋４＝５」。

❸影数……誕生数Ⅰ＋誕生数Ⅱの合計
誕生数Ⅰの合計数Ａと誕生数Ⅱを足した数。影数が２ケタになる場合は、１ケタになるまで足す。「39＋５＝44」→「４＋４＝８」。

❹家系数……姓の数字の合計
姓をヘボン式ローマ字で表記し、数字に変換する。出た数字を１ケタになるまで足す。
合計数Ｂ「24」→「２＋４＝６」。

❺自我数……名の数字の合計
名をヘボン式ローマ字で表記し、数字に変換する。出た数字を１ケタになるまで足す。
合計数Ｃ「51」→「５＋１＝６」。

❻社会数……姓名の数字の合計
合計数Ｂと合計数Ｃを、１ケタになるまで足す。「24＋51＝75」→「７＋５＝12」→「１＋２＝３」。

❼使命数……誕生数Ⅰと社会数の合計
合計数Ａと合計数Ｄを、１ケタになるまで足す。「39＋75＝114」→「１＋１＋４＝６」。

❽魂数……姓名のなかの母音（Ａ、Ｅ、Ｉ、Ｏ、Ｕ）の数字の合計
姓名の母音の数字を、１ケタになるまで足す。「３＋27＝30」→「３＋０＝３」。

❾外見数……姓名のなかの子音（Ａ、Ｅ、Ｉ、Ｏ、Ｕ以外）の数字の合計
姓名の合計数Ｄから、魂数の合計数Ｅを引く。その数字を１ケタになるまで足す（それによって姓名の子音の合計が出る）。「75－30＝45」→「４＋５＝９」。

❿演技数……外見数と生まれ月の合計
外見数の合計数Ｆに生まれ月を足す（11月の場合はそのままにする）。「45＋０＋９＝54」→「５＋４＝９」。

⓫隠数……姓名のイニシャルの数字の合計
姓と名のイニシャルの数字を、１ケタになるまで足す。「８＋２＝10」→「１＋０＝１」。

⓬核数……誕生数Ⅰと魂数の合計
誕生数Ⅰの合計数Ａと魂数の合計数Ｅを、１ケタになるまで足す。「39＋30＝69」→「６＋９＝15」→「１＋５＝６」。

マカレン数秘術パーソナルシート 〈記入例〉

それぞれの数字を１ケタになるまで足していってください。

ただし、「11」「22」になった場合はそれが最終的な数字になります。11 月生まれ、11 日・22 日生まれなどの場合は、「11」「22」として足していきます。西暦 2011 年は「2 ＋ 0 ＋ 11」に、2022 年は「2 ＋ 0 ＋ 22」と分解して足してください。

❶ 生まれ年（西暦） 1 ＋ 9 ＋ 9 ＋ 6 ＋ 生まれ月 0 ＋ 9 ＋ 生まれ日 1 ＋ 4 ＝ A 39 → 誕生数Ⅰ 3

１ケタになるまで足す
（11 と 22 はそのまま）

❷ 生まれ日 1 ＋ 4 → 誕生数Ⅱ 5

❸ A 39 ＋ 誕生数Ⅱ 5 → 影数 8

※誕生数Ⅰ、Ⅱのどちらかが「9」の場合、影数はなし。
（「9」に足す数字が「2」「22」の場合を除く）

❹ 姓のアルファベット（数字に変換）

H	A	R	A	D	A						
8 +	1 +	9 +	1 +	4 +	1 +	+	+	+	=	B 24 →	家系数 6

❺ 名のアルファベット（数字に変換）

K	U	N	I	H	I	R	O				
2 +	3 +	5 +	9 +	8 +	9 +	9 +	6 +	+	=	C 51 →	自我数 6

❻ B 24 ＋ C 51 ＝ D 75 → 社会数 3

❼ A 39 ＋ D 75 → 使命数 6

❽ 姓の母音 3 ＋ 名の母音 27 ＝ E 30 → 魂数 3

❾ D 75 － E 30 ＝ F 45 → 外見数 9

❿ F 45 ＋ 生まれ月 0 ＋ 9 → 演技数 9

⓫ 姓名のイニシャル 8 ＋ 2 → 隠数 1

⓬ A 39 ＋ E 30 ＝ 69 → 核数 6

アルファベット数字変換表

1	2	3	4	5	6	7	8	9
A	B	C	D	E	F	G	H	I
J	K	L	M	N	O	P	Q	R
S	T	U	V	W	X	Y	Z	

■は母音。それ以外は子音。

あなたの数字

誕生数（Ⅰ・影数・Ⅱ）	社会数	魂数	外見数	使命数
3 8 5	3	3	9	6

家系数	自我数	演技数	隠数	核数
6	6	9	1	6

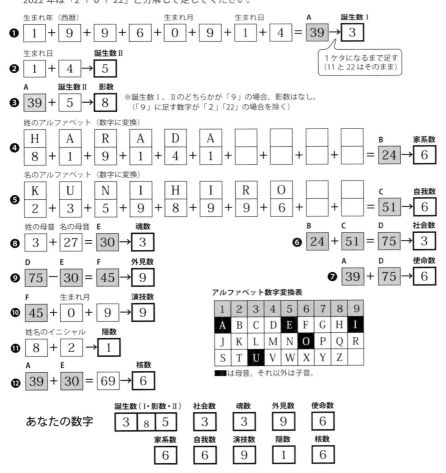

数秘術でここまでわかる①――基本編

では実際に、マカレン数秘術によってどこまでその人が解き明かされるかをみてみましょう。

例にあげるのは、第64、65代内閣総理大臣（１９７２～１９７４年）を歴任した田中角栄さんと、第87、88、89代内閣総理大臣（２００１～２００６年）の小泉純一郎さんです。

田中角栄さんはその圧倒的なリーダーシップと庶民的な魅力で国民に絶大な人気を得、在任中は日本列島改造論を掲げ、高速道路を整備したり、日中国交正常化を実現させたりと、その功績は大きかったものの、１９７６年に大事件が発覚します。

それがロッキード事件です。ロッキード事件は国際的な贈収賄事件として世間を賑わせ、元首相が逮捕されるという、政治家の汚職事件としては類をみない大事件となりました。

また、逮捕後に自民党を離党してからも政界に影響力を持ち続けるなど、その波瀾《はらん》万丈の人生は、今でも語り継がれるほどのインパクトを持っています。

一方の小泉純一郎さんは、記憶に新しい人も多いでしょう。

「郵政解散」「抵抗勢力」「自民党をぶっ壊す！」などキャッチーなわかりやすいフレーズで国民にアピールして人気を博し、マスコミへのアピールもうまく、劇場型政治ともいわれました。

また、誰もが思いつかないような発想と行動によって、よくも悪くも社会現象を起こした人でもあります。北朝鮮を訪問し拉致被害者を帰国させたことは、その最たるものでしょう。

ただ、その発言や行動には無責任だという批判も多く、人気は抜群だったものの評価は賛否が分かれています。また、音楽などをはじめ、幅広い分野の趣味を持っていましたね。

政治家時代は原発推進派でしたが、東日本大震災以降は、脱原発の立場を取っています。

では、彼らはどのような数字を持っていたのでしょうか。それぞれ観ていきましょう（数字の意味はここでは簡単に触れていますが、詳しくは第2章、第3章で説明します）。

【CASE1】田中角栄さん

表面的な性格傾向をあらわす誕生数Ⅰは「1」。ですから、彼の表面的な性格は「1」の数字の意味から、非常にリーダーシップが強く、上昇志向が強く、わかりやすく言うと「俺、俺」系です。

「1、8、22」は現実的な強い意味を持つ数字ですし、「1」と「8」の組み合わせは社長的意味を持ちますし、「22」はそれだけで社長、プロデューサー的な意味を持っています。彼はいずれにしても、強い性格であることがわかりますし、物事をブルドーザーのような勢いで推し進めていく力があります。

ただ、数字全体を観ると「4」が多いことがわかります。表面的性格を支える「誕生数Ⅱ」も「4」、見た目をあらわす外見数も「4」、弱点をあらわす隠数も「4」、そしてもっとも奥深くにある価値観をあらわす**核数**も「4」です。

「4」は安定志向で自分を守る数字なので、大胆にみえながらも、実は非常に保守的な人であることがわかります。守られた環境のなかに身を置きながら、リスクを取らずに上を目指す人なのです。あれだけ破天荒にみえた彼が、逮捕されるまで決して自民党から離れなかったことでも、それはよくわかります。

自己中心的な「1」や自由の数字である「5」を持っていても、弱点である隠数が「4」であり、またもっとも深い部分の本質に「4」を持っていることから、彼のベースとなっているのは、結局は「安定性」「保守性」だったといえます。

そういうベースを持ったうえで、表に出てくる性格は「1」の「俺、俺」系。

田中角栄（TANAKA KAKUEI） 1918年5月4日生まれ

誕生数（I・影数・II）			社会数	魂数	外見数	使命数
1	5	4	7	3	4	8

家系数	自我数	演技数	隠数	核数
3	22	9	4	4

そして社会数に知性をあらわす「7」がありますから、納得して生きていきたい人であり、頭のいい人であり、理性的であることもわかります。

けれども家系数には「3」という数字があります。家系数は仕事場、公での姿ですから、表面的にはエンターテイナーで明るい性格。誰にでも親しみやすく、老若男女に人気があったこともうなずけます。

また演技数は「9」です。「9」は人助けの数字なので、人助けできる人に見られたかったのでしょう。「私は皆さんのためにやります」的な発言が多くみられたのも、そのためかもしれません。

一方で自分の内なる欲求をあらわす魂数は「3」。楽しいことが好きな「3」ですが、同時にあまり深く考えないところがあるようです。

そして注目は、プライベートをあらわす自我数が「22」という点。「22」はある意味、大物、黒幕、ボス、さらに言えば暴君ですから、外面がどんなによくても、プライベートは暴君だったかもしれません。

ご存じの方もいるかもしれませんが、彼の後援会が前身となっている政治団体、越山会での彼の君臨ぶりは、それをあらわしていたのではないでしょうか。

まとめると、田中角栄さんは、歴史に残る総理大臣であり、老若男女に親しまれるエンターテイナーであり、発想も自由、頭脳明晰で日本列島改造論に代表されるような独創的なことを実行した、言わずと知れた大物政治家であったことは間違いありません。

でもその一方で、実はお調子者的な一面もあったため、その脇の甘さからロッキード事件に巻き込まれていった——。人助けをしているようにみられたいという思いはありながら、独善的な面もあった。自由を求めながらも、結局保守的なものに縛られていた人生。

こんなふうに読み解くことができます。

【CASE2】小泉純一郎さん

まず注目すべきは、**核数**が「7」で誕生数Ⅰも「7」である点です。根底にある数字と表面的な性格傾向にある数字が一致しているので、裏表のない人といえるでしょう。

誕生数Ⅱは「8」で、影数が「6」ですが、誕生数Ⅰの「7」がかなり強いので、理性的、革新的なものを好みます。こだわりが強く、独自性を重要視するタイプです。それを誕生数

小泉純一郎（KOIZUMI JUNICHIRO）　1942年1月8日生まれ

誕生数（I・影数・II）			社会数	魂数	外見数	使命数
7	6	8	4	9	4	11

家系数	自我数	演技数	隠数	核数
5	8	5	3	7

IIの「8」が後押ししていますから、仕事熱心であり、理屈では負けません。

影数「6」があるため、いい人でありたいという意識も強く、やや高飛車な印象を与えることもあるかもしれません。

次に家系数と演技数はともに「5」ですから、自由への意識が高い人です。それに「7」が絡むため、仕事でも革新的なやり方を好みますが、社会数が「4」なので、安定志向が強く、自己保身も強い人です。

内なる欲求をあらわす魂数が「9」なので、人助けをしたいという欲求が動機になります。使命数「11」もまた、人のためになることが役割でもあり、芸術的な素養もあり、感受性も豊かです。外見数は「4」で、見た目はやや地味な雰囲気を持っています。

自我数が「8」なので、プライベートではわがままだったのかもしれません。

弱点をあらわす隠数は「3」です。肝心なことに責任を取らない傾向がある数字です。

そして特徴的なのは「1」がないこと。端的に言えば、「自分」というものがないのです。

総合的に観ると、頭がよくて活動的であり、人のためになりたい欲求がある人です。いろいろなものに興味があり、流行にも敏感で発想も自由ですが、安定的なところに基盤を置いています。

ところが安定のなかにいながら、個の数字である「7」を持っているため、群れることを好まず、都合が悪いことがあると逃げ足が速い傾向があります。

自分の数字である「1」がない部分を、自由の数字の「5」や自己納得の数字の「7」がカバーしているといえますが、周囲の人は、むしろ彼の「1」がなくて「5」や「7」による決定に振り回されていたのではないでしょうか。

田中角栄さんと小泉純一郎さんを比較してみるとどうでしょうか。

まず大きな違いは、田中角栄さんには「1」があって、小泉純一郎さんには「1」がありません。そして、隠数が田中角栄さんが「4」なのに対し、小泉純一郎さんは「3」であることも特徴的な違いです。

互いに安定のなかで自由な革新的発想で物事を進めていくところは共通していますが、田中角栄さんは「1」があり隠数「4」なので、リーダーとして部下の面倒をみて、最後まで責任を取ろうとします。一方の小泉純一郎さんは部下を持たずに群れない「7」を持ち、隠数「3」なので、面倒くさいことがあると即座に離れていきます。

私はもちろんご本人に会ったことはありませんから、あくまでマカレン数秘術による読み解きですが、歴史に名を残す2人の政治家は、似て非なるものだったといえるのではないでしょうか。

結婚、離婚で姓が変われば「数字」も変わる

「生年月日と名前で数字を出すことはわかったけれど、結婚して姓が変わった場合はどうなるの？」

「離婚したら、もう一度旧姓で観ることになるの？」

ここでは、そんな疑問に答えていきます。

結婚して姓が変わった場合は、新しい姓でもう一度数字を出していきます。

姓が変わることで影響があるのは、「社会数」「魂数」「外見数」「使命数」の4つです。

私が結婚している方を観るときは、必ず旧姓と現在の姓を聞いて、社会数、魂数、外見数、使命数を2つずつ出しています。

考え方としては、姓が変わることで数字が変わり、運命まで変わってしまうということではなく、新たな数字が加わることによって、新しい要素が入ってくるとイメージしてください。つまり、新しく加わった社会数、魂数、外見数、使命数を観ることで、その人の結婚の意味がわかるということになります。

結婚することで社会数、魂数、外見数、使命数に新たな要素が加わるのは、その構成数の意味を考えればわかりやすいでしょう。

社会数は人とのつきあい方、社会とのかかわり方ですし、魂数は内に秘めている欲求、外見数は人に与える印象、使命数はその人の役割や目指していることでしたね。現実的に、結婚することで社会とのかかわり方が変わったり、新たな内なる欲求が出てきたり、人に与える印象が変わったり、役割が変わったりすることはよくあることです。

わかりやすいケースで説明しましょう。

例えば、生まれたときの名前の数字では「仕事」にまつわる数字を持っていなかったのに、結婚して4つの構成数に「仕事」の数字が加わった場合、配偶者の仕事を手伝わなければならなくなったり、共働きになったりするなど、結婚してから仕事をしなくてはならない状況になることが読み取れます。

逆に、もともとは「仕事」の数字をたくさん持っているのに、結婚することでその数字がなくなった場合、専業主婦になるなど、何かしらの事情で家にいなければならない状況になってしまう、ということが読み取れるのです。

一方、離婚して旧姓に戻った場合、結婚によって変わった姓による影響は薄らいだり、消えてしまったりします。その人が再婚して別の姓に変われば、また再婚した姓の意味が新しく加わるということになります。

親が離婚して姓が変わった場合も同様です。姓が変わることで4つの構成数が変わりますが、親の離婚の場合は本人（子ども）の意思ではないものの、親の状況による影響をどんなふうに受けるかを読み取ることができます。

いずれにしても**もっとも重要なのは、生まれたときの名前**です。結婚しても離婚しても、生まれたときの名前の影響が1番強く、その人のベースになっていることは変わりありませ

◆変更後の姓　改姓後の数字と、もともとの名前の数字を使って算出する。

変更後の姓のアルファベット（数字に変換）

❶

T	A	N	A	K	A					
2	+ 1	+ 5	+ 1	+ 2	+ 1	+	+	+	+	= G 12

❹ 変更後の姓の母音 3 + 名の母音 18 = I 21 → 新魂数 3

❺ H 43 − I 21 = J 22 → 新外見数 22

❷ G 12 + C 31 = H 43 → 新社会数 7

❸ A 52 + H 43 → 新使命数 5

あなたの数字

誕生数（Ⅰ・影数・Ⅱ）	社会数	魂数	外見数	使命数
7 11 22	3	6	6	1
改姓後	7	3	22	5

姓が変わることで、社会数、魂数、外見数、使命数に新しい数字が加わる。

家系数	自我数	演技数	隠数	核数
8	4	5	8	4

❶新しい姓の数字の合計
新しい姓をヘボン式ローマ字で表記し、数字に変換する。出た数字を１ケタになるまで足す。

❷新社会数……新しい姓と名の数字の合計
合計数Ｇと合計数Ｃを、１ケタになるまで足す。「12 ＋ 31 ＝ 43」→「4＋3＝7」。

❸新使命数……誕生数Ⅰと新社会数の合計
合計数Ａと合計数Ｈを、１ケタになるまで足す。「52 ＋ 43 ＝ 95」→「9＋5＝14」→「1＋4＝5」。

❹新魂数……新しい姓と名のなかの母音（A、E、I、O、U）の数字の合計
新しい姓と名の母音の数字を、１ケタになるまで足す。「3＋18 ＝ 21」→「2＋1＝3」。

❺新外見数……新しい姓と名のなかの子音（A、E、I、O、U以外）の数字の合計
新しい姓と名の合計数Ｈから、新魂数の合計数Ｉを引く。その数字を１ケタになるまで足す（それによって新しい姓と名の子音の合計が出る）。「43 − 21 ＝ 22」。

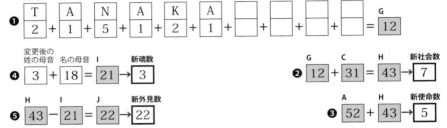

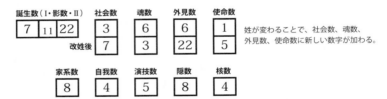

マカレン数秘術パーソナルシート（改姓版）〈記入例〉

それぞれの数字を１ケタになるまで足していってください。
ただし、「11」「22」になった場合はそれが最終的な数字になります。11月生まれ、11日・22日生まれなどの場合は、「11」「22」として足していきます。西暦2011年は「2＋0＋11」に、2022年は「2＋0＋22」と分解して足してください。

◆生年月日と生まれたときの姓名

生まれ年（西暦） / 生まれ月 / 生まれ日 / A / **誕生数Ⅰ**

1 ＋ 9 ＋ 7 ＋ 5 ＋ 0 ＋ 8 ＋ □ ＋ 22 ＝ 52 → 7

１ケタになるまで足す（11と22はそのまま）

生まれ日 / **誕生数Ⅱ**

□ ＋ 22 → 22

A / **誕生数Ⅱ** / **影数**

52 ＋ 22 → 11

※誕生数Ⅰ、Ⅱのどちらかが「9」の場合、影数はなし。
（「9」に足す数字が「2」「22」の場合を除く）

生まれたときの姓のアルファベット（数字に変換）

S	U	Z	U	K	I							
1	＋3	＋8	＋3	＋2	＋9	＋	＋	＋	＋	＝ B 26	→	**家系数** 8

名のアルファベット（数字に変換）

Y	U	M	I	K	O							
7	＋3	＋4	＋9	＋2	＋6	＋	＋	＋	＋	＝ C 31	→	**自我数** 4

姓の母音 / 名の母音 / E / **魂数**

15 ＋ 18 ＝ 33 → 6

B / C / D / **社会数**

26 ＋ 31 ＝ 57 → 3

D / E / F / **外見数**

57 − 33 ＝ 24 → 6

A / D / **使命数**

52 ＋ 57 → 1

F / 生まれ月 / **演技数**

24 ＋ 0 ＋ 8 → 5

姓名のイニシャル / **隠数**

1 ＋ 7 → 8

A / E / **核数**

52 ＋ 33 ＝ 85 → 4

アルファベット数字変換表

1	2	3	4	5	6	7	8	9
A	B	C	D	E	F	G	H	I
J	K	L	M	N	O	P	Q	R
S	T	U	V	W	X	Y	Z	

■は母音。それ以外は子音。

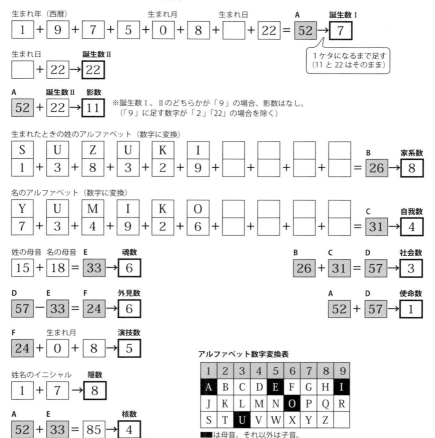

ん。人によっては3回、4回と名前が変わるケースもありますが、それでもベースとなるのは、生まれたときの名前なのです。

52〜53ページで紹介しているのが、姓が変わった場合の「マカレン数秘術パーソナルシート（改姓版）」です。姓が変わると、どの数字がどのように変わるのか、具体的に説明していますので、参考にしてください。

「まわりの人」を占うことでみえてくるもの

私がお客様を占うときは、当たり前ですが初対面です。

もちろんリピーターさんもいらっしゃいますし、著名な方がいらっしゃることもありますが、いったん本人の情報はゼロにして、まずは数字だけで先入観なしにその人を観ていきます。

例えば先ほど紹介した田中角栄さんのように、本人の生い立ちや政治的な背景を知っている場合でも、基本的にはまず先入観なしで数字を観ていきます。そのうえで、すでに知っている情報と照らし合わせていきます。

一般の方の場合でも、結婚されているのか、仕事をされているのか、親元を離れて暮らしているのかなど、基本的な情報をお聞きして、数字から読み取れたことと照らし合わせてお伝えしています。

最近はお1人の方を長く占えるだけの時間がなかなか取れないのですが、できるだけご本人だけでなく、周囲の人の数字も出して観ています。

結婚相手や両親、兄弟姉妹などはもちろん、影響を受けた先生や尊敬している人、あるいは嫌いな人などもあわせて観ていくと、自分は誰にどんな影響を受けたのか、自分自身さえもわからなかった自分の本質がみえてくることがあります。

この作業はかなり時間がかかりますが、とても面白いものです。自分と向き合うことにもつながり、あらゆる面から深い部分がわかってきます。

結婚を考えているパートナーなどの場合も同様です。本人だけでなく、できればその両親や兄弟姉妹の数字を出してみると、その人のことをより深く知ることができます。また、経営者のなかには会社の人事の相談にいらっしゃる方もいるのですが、この場合もかかわる人の数字をできるだけ多く出していくといいでしょう。

このように、**本当にその人のことを知りたいのなら、まわりで影響を与えている人すべて**

の数字を出して、観ていくことをおすすめします。

結局、本人だけを観る場合、本人の本質的な性格や才能、適性などはわかりますが、外的な要因、人や環境を含めて観ていかないと、その人の人生においての現実的なありよう、あるいはその人の生きている意味が読み取れなくなってしまいます。**人はたった1人で生きているのではないのですから。**

ビジネスネーム、店名、社名なども占える

マカレン数秘術では、名前のほかにペンネームや芸名、会社名なども占うことができます。ペンネームの場合も、あくまでも大切なのは本当の名前ですが、本名をベースにして考えていくと、そのペンネームをつける意味がみえてきます。

例えばフリーランスになりたい人なら、この構成数のほうが独立しやすい、ということも導き出せます。

これからお店を持ちたい場合や会社を立ち上げたい場合なども、お店の名前、会社名で数字を出すこともできます。その会社やお店の名前が業種に合っているのかといったこともわ

かるので、子どもの名づけと同様に、社名、店名を考えるときにも使うことができます。

会社の場合は、会社の登記日＝生年月日と考えます。「株式会社」「有限会社」などは入れず、社名＝名前として数字を出します。

会社の登記日、社名に加え、創業者の名前と生年月日、現在の社長の名前と生年月日などを絡めて観ていくと、その会社の持っている本質や、創業者が会社を立ち上げた意味は何なのか、それを引き継いでいる現在の社長や次期社長がどういうふうに変えていくのか、といったことも読み取ることができます。創業者の想いをそのまま引き継ぐ人なのか、改革していく人なのかといったことまでみえてくるのです。

COLUMN

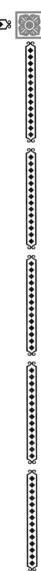

名前だけでも、ここまでわかる！

マカレン数秘術では生年月日と名前を使って占いますが、占いたい人の生年月日がどうしてもわからないという場合もあるでしょう。

しかし実は、名前さえわかれば占えることがあるのです。

それが「社会数」「魂数」「外見数」「家系数」「自我数」「隠数」。この６つはフルネームがわかれば、すぐに出すことができます。特に隠数は、なんとイニシャルだけでわかります。イニシャルで、その人の弱点がわかってしまうということです。

これから会う仕事相手がどんな人かわからない、でも知っておきたいといったとき、名前がわかれば、その人が仕事ができる人なのか、どんな印象の人なのか、どんな欲求を持っている人なのか、また弱点などを知ることが可能になるのです。

私の場合、飲食店などに入ると、店員さんの名札をついチェックしてしまいます。名前をみて「この人は仕事ができる人だな」「この人に注文すると間違えそうだな」と思ってしまうこともあります。

これは職業病なのかもしれませんが……。

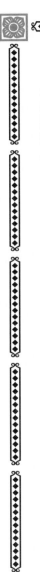

第 2 章

数字からのメッセージ

1 ～ 22 の数字を読み解く

数字の意味をイメージできるようになる

この章では、マカレン数秘術で扱う「1〜9、11、22」の11個の数字の基本的な意味について解説していきます。

数字にはそれぞれ深い意味があることは、すでにお話ししたとおりです。ただしここで説明するのは、基本的な数字の性質についてのみです。実際に数字を観て占っていくときには、その数字がどの構成数の位置にあるかによって、意味合いが変わっていきます。

また、数字同士の絡みや組み合わせで意味するものが変わっていくこともあります。

物事というものは、見方を変えればまた違ったものになります。例えば「傲慢な人」というのは「物事を積極的に進める人」ともいえますし、「神経質な人」というのは「繊細で感受性が豊かな人」ともいえるのです。

このように、**「この数字はこうだ」と決めつけるのではなく、ほかの数字の影響により、その数字の性質のどの面が強調されるかを読み取れるようになることが重要です。**

数秘術の数をこなしていくうちに、やがてその人の数字の並びをみただけで、その数字が頭のなかで動き出すようになっていきますから大丈夫。

単純に「1」だからこういう意味、「2」だからこういう意味、と言い切れるものではありませんが、まずは数字をみただけでその意味をイメージできることが第一歩です。

ここではイメージが浮かびやすいように、まずそれぞれの数字をキャラクターとして紹介しています。そのうえで、その数字に関連するキーワードを掲載しました。

大切なのは、イマジネーションを働かせていくことです。

これから自分だけでなく、いろいろな人の数字を観ながら占っていくなかで、「あれ、どういうイメージだったかな」と思ったら、この章の数字のページを振り返ってみてください。

1【父】

向上心
非協調的
俺、俺
私、私

リーダー
ナルシスト
傲慢
自信過剰
独占欲

正直
社長
お人好し
涙もろい
引き受ける

負けず嫌い
未練がましい
独立心
人に使われたくない

上昇志向
正義感
あきらめが悪い
褒められたい

猛進
意志
利益主義
ワンマン
短気

妄信
一本気
融通がきかない
決断力

自信
人に言われたくない
純粋
寛大さ

数字が示すイメージどおり、1番であり、リーダーであり父であり、王様のような強い存在です。

強い意志を持って、皆を引っ張っていく明るいリーダーといえるでしょう。

皆を導く指導者であり、いつでも上を目指している人です。

「1」という数字の形を見てください。まっすぐ上に向いていて、曲がっていませんね。斜めにしても横にしても、「1」はその方向しか向くことができません。

「1」はまさに、そのイメージどおりの数字です。1本、1人、それしかない唯一のもの。オンリーワン。

強い意志力や自尊心、正義感、独立心、リーダーシップ、正直……そういったキーワードも浮かんできます。

一方で自己主張が強い面があるので、男性なら「俺、俺、俺」、女性なら「私、私、私」というふうに、自分を前面に押し出していきます。

「俺が1番」「私が1番」だと思っているので、自分をみてほしいという気持ちは誰よりも強く、また自分でなんでも決めたい、人の言うことは聞きたくないという一面もあります。

それが弱点として出てしまうと、尊大だったり、自信過剰だったり、虚栄心が強かったり、短気だったりといった性格として出てしまうこともあります。

ただし、ほかの数字との組み合わせによって、自己主張をわかりやすくあらわすタイプと、自分の心の奥深くに自分をしっかり持っていて、それをみせないタイプがあります。

また、リーダーシップがあるということは仲間が必ずいる、ということでもあります。ですから、仲間を大切にするところがあります。

強がりな一面があるからこそ、頼まれると嫌と言えずに引き受けてしまう、お人好しなところもあるようです。

「1」があるということは自分を持っているということ。迷いがないということにつながるので、数秘術では構成数のなかに「1」があることは、ポジティブにとらえていいでしょう。

2【少女】

人助け　癒し　**繊細**　情が深い　思いやり

ナイーブ　**美的センス**　**女性性**　妄想

優しさ　聞き上手　意見を言わない　我関せず　執念深い

協調性　上に立てない　甘えたい　**感受性**　内省的

傷つきやすい　**サポート**　好き嫌いが激しい　言いなり

神経質　気づかい　愛されたい　ジェラシー

物静か　受け身　**イマジネーション**　内向的　ネチネチ

平和主義　気にしすぎ　そのときだけの優しさ

とても繊細で、女性性が高い数字です。

「2」という数字は「1」が2つ合わさった数字という意味にもとれますし、1つのものが2つに分かれた数字という意味にもとれます。

つまり、よくも悪くも少し不安定さを含む数字になります。

私たち人間は、1人でいるときは特に気にならないのに、2人になって誰か対象となる相手がいると、相手のことが気になりはじめますね。

1対1になると、途端に相手を意識しはじめてしまう。

自分が相手にどうみられているか、また相手のことをどうみているか、そんなふうについ気にしてしまうことが、「2」という数字の繊細さ、非常に強い感受性へとつながっているのです。

わかりやすくたとえると、イラストのようなちょっと内気で本が好きな女の子、というイメージでしょうか。

ですから「2」の要素が強い人は、外見にかかわらず、たとえ男性でも内面が非常に繊細で、女性的な感性を持っている人が多いのです。

女性は受け入れる性でもあるため、周囲の人を受け入れる包容力のようなものもおおいに持ち合わせているでしょう。

感受性が豊か＝芸術性が高く、美的感覚が強いというイメージもあります。

また、相手がいることで気をつかうという意味もあるので、優しく、思いやりがあって、協調性が高いのも特徴です。

一方、マイナス面では気にしやすい性質があるため、神経質な面があったり、取り越し苦労をしやすいという面があったりします。

もの思いにふけって何かを妄想しているうちに、ありもしないことを考えて不安になってしまう傾向があります。

3【子ども】

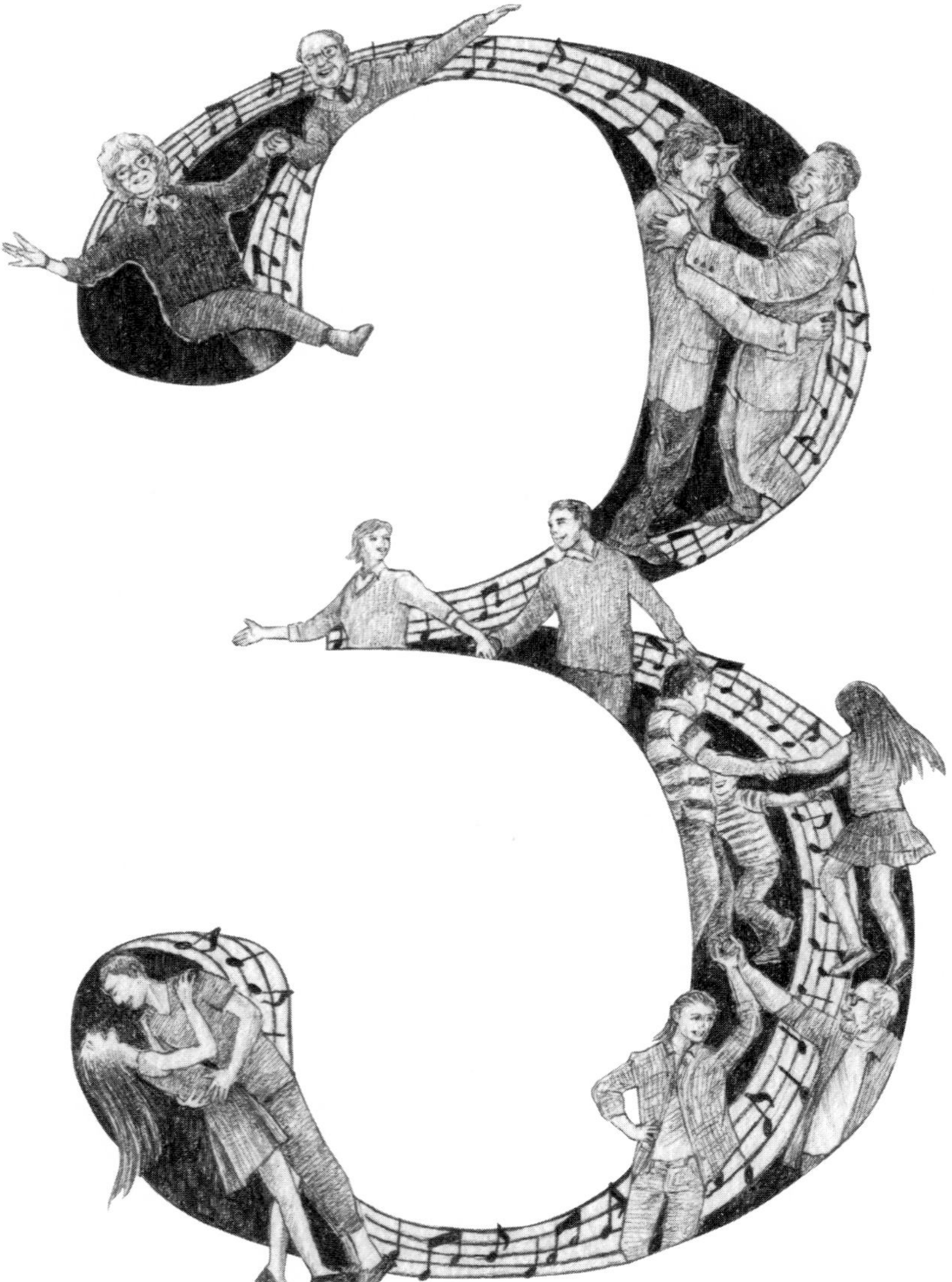

センスがいい

明るく楽しく

褒め上手

的外れ

社交的

最後まで責任を取らない

物忘れ

世間体が大切

エンターテイナー

飽きっぽい

ポジティブ

広く浅く

遊び心

秘密を守れない

おしゃべり

率直

無神経

気分屋

根性なし

楽しくやろう

無償の協力

励まし

人助け

上っ面だけ

開放的

弱い者の味方

自分も皆も楽しく

気さく

寄り道

誰とでも仲良く

おしゃれ

子どものように無邪気で、とても楽天的な意味を持つ数字です。

「3」という数字の意味をわかりやすく言うと、「自分も楽しく、皆も楽しく」。

2人から1人増えて3人になると、そこに社会が生まれます。

「3」という数字を持つ人は、皆の調整役であり、エンターテイナーでもあります。だから、自分だけ楽しいというのではダメなのです。

皆を楽しませるという意味では、友好的で気さくで社交性がありますし、快活で器用な人でもあります。

ただし、裏を返すと、快楽的であり、責任を取りたくないという面もあります。ですから、調子がいいときはノリノリで物事を進めても、調子が乗らないときは逃げてしまったり、肝心なことが決められなかったりすることもあります。

皆を楽しませたいということは、ある意味ではあまり自分は目立ちたくない、自分を前面に出したくないということでもあります。

前向きで明るい意味を持つ数字ですが、誰とでも仲良くしてしまう、つまり誰にでもいい顔をしてしまうお調子者の一面もあります。

男性で言えば「調子がよくて無責任」、女性で言えば「人当たりのいい八方美人」とみられてしまうこともあるでしょう。

キーワードにあるように、いい意味でも悪い意味でも「子ども」のようなイメージです。好きな人には積極的に絡んでいくので、周囲の人にも誰が好きかわかってしまうほどです。また、褒め言葉に弱いので、うまく乗せると動いてくれます。

このように、無邪気で明るくて楽しくふるまうかわいらしさもある一方で、その場が楽しければいいという調子のよさがあります。

「3」という数字を持つ人によくみられるのが、その場の気分で発言してしまって、人を傷つけてしまうケースがあること。

まわりの雰囲気が楽しくなると、つい調子に乗って、余計なことを言ってしまうのです。あるいは、人の秘密をついしゃべってしまうなど、口が軽い傾向があります。

デリカシーがないと言ってしまうと身も蓋もないですが、失言が多いのも特徴です。

4【役人】

安定
ムダを省く
危ない橋は渡らない
正直
中毒性

内気
細かいことでも丁寧に
堅実
努力

やりぬく
派手嫌い
おとなしい
真面目
守り

自分が正しい
真摯
まかせて安心
ちゃんとしない人を嫌う

リスク回避
頑固
現実主義
勤勉
冷静
ギャンブル

合理的
コツコツと
地味
人見知り

面倒くさがらない
不平不満が少ない
意志
決断力が弱い

狭量
ルーティン
約束を守る
予定変更が嫌い

４つの線が組み合わさると、しっかりとした四角形になります。また、四角形は押してもゆらぐことなく安定しています。

このように、「４」という数字には「安定」という意味があります。

ただし同時に、一度固定してしまうと形が変わらない、動きづらさも意味します。

つまり、安定志向が強く、真面目で堅実であるがゆえにリスクを冒したくない、今の場所から飛び出したくない、変わりたくない、絶対に失敗したくないという意味を強く含んでいるのです。

地道に何かをしていく、コツコツと積み上げていく勉強家であり、ルーティンを好む、いわば保守的な役人のようなイメージです。

「４」の数字を多く持つ人は、仕事の面では安定したところに身を置きたいという願望があります。そのため、何かに所属していたい意識、つまり大きな会社に入りたいとか、公務員になりたいといったような願望を持つ人が多いのが特徴です。

プラスの面では、真面目で誠実で努力家で持久力もあるので、「あの人にまかせておけば間違いない」といったように、周囲の信頼を得ることが多いでしょう。

一方マイナスの面では、真面目なだけに融通がきかない頑固な面があります。また、打算で動いてしまったり、疑い深かったりするところもあります。

なかなか人に心を開くことができない傾向があるため、人からは心がせまい人だと思われてしまうことも。

意外なところでは、「4」のルーティンを好む性質が悪いほうに働き、アルコールやギャンブルにハマりやすい傾向があります。

また数秘術では、たとえ「社長」に向いている数字を持っていたとしても、「4」が多い人は一歩踏み出せないケースがあります。

喜怒哀楽をみせないほうで、自己主張もあまりしませんが、心に熱い思いを秘めている人は多く、地道な努力で夢を叶えていく人も多いでしょう。

5【自由人】

知識が豊富

器用

自由人

アイデアマン

物覚えがいい

多芸多才

人と違うことをしたい

枠にとらわれない

好奇心

運動神経がいい

落ち着きがない

浅薄

目立ちたがり

活動的

縛られたくない

支離滅裂

おしゃべり

余計なことを言う

ムラがある

雄弁

探求

機転がきく

口だけ

頭がいい

革新

無気力

スポーツ

芸術

職人

器用貧乏

明るい

適応力が高い

起伏

裏切り

気まま

「自由」をあらわす数字です。

安定の「4」から1つ飛び出すことを意味するので、活動的であり、機敏であり、なんでも臨機応変に対応することができます。ピンチのときの危機脱出力はピカイチです。

器用なので多芸多才。なんでもできますが、器用貧乏な面もあります。

1つのことに興味を持つとことん打ち込み、力を存分に発揮します。

逆に言えば、興味のあることしかやりたくない、興味がないものはまったくやりたくない、といった極端さをあわせ持っています。

興味があることにはとことん取り組んでハマっていきますが、ひとたび興味がなくなると、そのことはどうでもよくなってしまったりします。ですから、周囲にはとても気まぐれにみえてしまうのです。

興味があるとパッと飛びついて、器用だからできてしまう。でも、できてしまうとつまらなくなって飽きてしまい、次に興味が移ってしまう。

もっと極めれば、かなりの実力がつくかもしれないのに、極める前に次のことをはじめてしまったりするのです。

また、のっているときは非常に高いパフォーマンスを発揮しますが、調子が悪いときは底まで落ちてしまいます。このように、気分の変化の波が激しいのも特徴です。

「5」は根っからの自由人。

雄弁でもあるので、一緒にいると楽しい人ではありますが、本人の思いとは裏腹に、周囲の人は少し振り回されてしまうかもしれません。

「5」の数字を持つ人をまわりの人がみると、「このあいだはこんなふうに言っていたのに、今日会ったら、まったく違うことを言っている」というふうに映ることがあります。

「5」の人はごく自然に、自分の興味のままに動いているだけでも、まわりからすると、「言っていることがなんだか支離滅裂」「やることがコロコロ変わる」という印象を持たれてしまうこともあるのです。

6【先生】

教える　**博愛性**　世間体　誠実　献身的

万人受け　見栄っぱり　**道徳性**　品がある

面倒見がいい　善悪に厳しい　模範的　口出し　**公平性**

先生　親分肌　血のつながり　モラハラ　清楚

仲裁役　思いやり　**家族**　わけへだてなく　嫉妬

親切　育てる　やってあげてる感　**平和主義**

ことなかれ主義　**美**　親離れ、子離れできない

人として　親　兄弟姉妹　子ども　孫　狭量

「6」はひとことで言えば、模範的な数字です。

数字「3」のところで、3人集まると社会が生まれると説明しました。「6」は「3」が2つ重なって構成されています。つまり社会をまとめるような役割を持つ数字なのです。

それだけに、何かにつけて、人として〝いい人〟であらねばならないという思いが強くあります。平和主義でもあるし、親切で誠実で清楚《せいそ》で面倒見がいい。まさに親であり、先生のような役割を持つ数字です。

親や先生の役割とは、教え育てることです。ですから人として模範的であらねばならないということになります。

「6」はまた、家族の数字でもあります。ただし「家族」といっても、本当に大切なのは、自分と血のつながった親、子、孫、兄弟姉妹などです。血縁でも、叔父や叔母、甥や姪といった遠いつながりや、義父や義母といった関係性の場合は、血のつながった家族ほど大切にしません。

「6」の数字を多く持つ人を、悪く言う人は少ないでしょう。

「6」のいい面が出ていれば、誠実ですし、きちんとしている人ですので、社会に出ても好感度の高い人といえるでしょう。

ただ、裏を返せば、外面がいいということにもなります。〝いい子ちゃん〟で見栄っ張りの一面があるのです。

「いい人であらねばならない」「模範的でなければならない」ということは、その半面本当の自分を抑えていることになります。

「6」が外面的な数字として強く出ている人は、ほかの数字との組み合わせによっては、その欲求不満が出てしまうこともあります。

数字の組み合わせによっては、自分を抑えて〝いい人〟でいようとするあまり、逆に悪い面が出てしまうこともあります。

これはあくまでも極端なマイナス例ですが、「私の言うことを聞いていればいい」といったモラハラ的な面が出たり、「私がやってあげているんだ」と恩着せがましい面が出たり、独占欲が表面化したりする場合もあります。

7【哲学者】

insomnia algorithm nutritional assessment wet to dry dressing
operation lung injury granuloma subtotal colectomy compartment
colostomy or ileostomy double stoma dehydration patchgraft
catheter maximal barrier precaution risk factor adhesive ileus
hydrocolloid dressing ureterosigmoidostomy clot hemorrhage pressure
spastic gait
infection
tyloma
edema
asthma
syndrome
placebo effect
-reduction
vertigo

とことん
知性
自分のやることを極める
孤独
変わり者

自己探求
資格マニア
辛辣
コレクター
分析

考える
納得して生きたい
博識
自己納得

読書好き
追求心
納得しないことはやらない
言い訳
毒

思考
反抗的
語彙力が豊富
自分さえよければ
冷静

中途半端を嫌う
言葉
オタク
自分を持っている
わがまま

インテリ
同じ価値観を持つ人に共感
個
自分とは

群れたくない
批評家
頭がいい
考えすぎて動けない

「7」は非常に特徴のある数字で、数秘術でも特別な数字として観ています。知性的で、自己納得の数字です。自己探求であったり、独創性の強さもあわせ持っています。「6」という模範的、社会的な数字から1つ飛び出したことになるので、「個」が強くなります。わかりやすく言えば、群れない人です。

例えば、皆と一緒に食事に行くような場面でも、1人で自分の食べたい店に行く人がいますね。そんなイメージを持つのが「7」という数字です。

決してわがままなのではなく、自分で納得して生きていきたいという思いが、人一倍強いのです。

人のことよりも、「自分とは何なのか」「自分がどうしたいのか」「なぜ私がここにいるのか」「なぜ私がこれをやらなければならないのか」といったことを常に考えています。

だから、納得しないものは受け入れることができません。

仕事の面でもそんな感じですので、頭ごなしの命令や、感情的な要求や、理不尽な人たちに対しては、徹底的に反抗することがあります。

「いい加減な上司の下では働きたくない」と思っているのは、たいてい「7」を持っている人。哲学家であり、批評家でもあり、いわゆるオタクといわれる人にも多いのが特徴です。常に〝考える人〟のような感じです。余談ですが「7」の数字を持つ人は、男女問わず腕を組んでいる人が多いのも、哲学家であり批評家である所以《ゆえん》かもしれません。

論理的な「7」は言葉を使ったコミュニケーションを大切にしますので、言葉づかいに厳しかったり、話ができない人を嫌います。

時に変わり者に見られることがあるので、孤独感を伴うことがありますが、「7」を持つ同士になると、不思議なことに話が尽きないほど盛り上がり、本音を出すことができます。「7」同士が出会うと、「やっと、私の気持ちをわかってくれる人がいた！」「話が通じる人があらわれた！」という感じになるのでしょう。そこに「7」を持たない人が入ると、輪のなかに入れずに浮いてしまうかもしれません。

恋愛面においても、「7」を持つ者同士は惹かれ合う傾向があります。

8【社長】

一生懸命　活発　**力**　破壊　やりぬく　先走り　夢ばっかり

情熱　利益追求　自分で稼ぐ　お金で失敗　強引　人を出し抜く

物にならないことはやらない　**仕事**　働かざる者食うべからず　勇気

お金　自信　アグレッシブ　空回り　動じない　置き去り感

ワーカホリック　**行動力**　今よりよく　他人より自分

常に高みを目指す　**重厚**　ないものねだり　1人でも大丈夫

向上心　お金に執着　とにかく仕事が大事　失敗したくない

どっしり　**現実**　大局的視点　言うより先に動く

パワーのある数字です。

「8」は安定を示す「4」が2つ合わさった数字であることから、現実的な繁栄を意味します。言い換えれば、お金と仕事の数字です。

この数字を持っている人は、仕事ができる人でしょう。仕事を通じて自己実現をしたいという思いを強く持っています。

また、「8」を多く持つ人は、男女問わず、経済的に自立して生きていける人です。お金に対する執着も強いのですが、それだけにそれを得るための実行力、統率力、自信や情熱、積極性も持ち合わせています。

どっしりとして力持ち、ブルドーザー的に物事を進めていくようなイメージです。「一気にやってしまおう」「早く結果を出そう」というような感じでしょうか。

まるでやり手で力強い男性のような風貌をイメージする人も多いかもしれませんが、これは体形などの見かけとは関係なく、細身であっても、女性であっても、パワーのある人ということになります。

だからこそ、圧倒的な存在感があり、繁栄を求める「社長」なのです。

繁栄をあらわし、ポジティブで明るい数字でもあるため、数秘術では「8」を持っていると喜ぶ人が多いものです。

ただ、その力強さも裏を返せば、攻撃的な面や強引さにつながります。

ほかの数字との組み合わせにもよりますが、物事を自分の思いどおりに進めたいといった、傲慢で利己的な一面もあるでしょう。

「8」は新しいものをつくり出す力があるだけに、それを壊すほどの力も持ち合わせているといえます。

また、仕事に打ち込んだり成果を求めがちなので、働きすぎには注意が必要です。

いずれにしても、目にみえる現実的な結果を求める数字であることは間違いありません。

9【母】

役に立ちたい　**人助け**　流されがち　体裁

寄り添い　肯定的　相づちだけ　自分より他人

思いやり　**献身**　同情心　頑張り屋　優しさ

人の話を聞く　**奉仕**　裏切りにあう

影響されやすい　つかみどころがない　弱い者を助ける

慈愛

一生懸命　自己犠牲　**カメレオン**　疲れる

相手に合わせる　現実に合わせる　**不思議な「9」**

断れない　**見返り**　困っている人のために

繁栄をあらわす「8」から1つ飛び出した数字である「9」は、人助けの数字です。

聖母であり、慈悲や慈愛にあふれるイメージです。ちなみに、マザー・テレサもこの数字を持っています。

マカレン数秘術では「1〜9」の連続した数字のほかに「11」と「22」がありますが、「1〜9」で数字としてはひと区切りと考えます。そのため、「9」は終わりであり、はじまりでもあり、次の数字へとつなぐ数字でもある、不思議な位置づけです。

「9」の特色は、数秘術の算出のときにもあらわれます。「9」は、いくつ集まっても「9」にしかならないのです。

どういうことかというと、「1」は2つ集まれば「1+1=2」になりますし、「2」が2つ集まれば「4」に、「3」が2つ集まれば「6」にといったように、同じ数が集まっても元の数にはなりません。

ところが「9」は、2つ集まると「9+9=18」→「1+8=9」に、3つ集まっても「9+9+9=27」→「2+7=9」になります。どれだけ集まっても、数秘術としては「9」にしかならないのです。

「9」同士で集まっても「9」のまま自分の姿を変えないのに、ほかの数と組み合わさると自分が消えてしまいます。つまり、「自分がない」のです。

例えば「1＋9＝10」→「1」に、「2＋9＝11（11は数秘術ではそのままにしますが）」→「1＋1＝2」に、「3＋9＝12」→「3」といったように、「9」はほかの数字と重なることで自分を隠します。

このことから、人を助ける、サポートするという役割が生まれます。その一方で、人や環境に影響を受けやすい数字であるともいえます。

ただし、構成数に「9」が1つや2つある場合だと人のために献身的に動く人が多いのですが、「9」が3つ4つある場合は、「人のため」という意味が薄まり、「自分への見返り」を求めがちになります。そのため、独善的であったり、「私がやってあげている」感が強く出たりすることもあります。

一見人に寄り添う数字ですが、「9」が集まると逆に「自分」が強く出てきます。政治家や社長に「9」が多いのは、そのような「9」の性質も関係しているのかもしれません。

11【アーティスト】

何とかしてあげたい　取り越し苦労　**感受性**　二面性

アーティスト　強いジェラシー　エキセントリック

親身　自分がやらねば　**人のために**　セックス

芸術家センス　**セクシュアリティ**　追求型

傷つきやすい　極度の不安　心配性　**ネガティブとポジティブ**

情愛　スピリチュアリティ　優しい　物真似上手

気にしすぎ　人助け　愛し愛されたい　感情表現

人を癒す　人を導く　**特殊な数**　甘えん坊　スキンシップ

マカレン数秘術の構成数のなかにあると、皆さんが喜ぶ数字が「11」です。自分が「11」を持っているかを知りたいという人もいるほどです。それはアーティスト性が強いという格好いいイメージがあるからでしょう。

「11」には、人を癒し、助け、導く役割があります。

「11」という数字も不思議で、強い数字の「1」が2つあると解釈もできますし、「1」が2つでも「2」にはならない、「11」のままでもあります。繊細で感受性の強い「2」と似ている部分もありながら、それに強さを加えたようなイメージです。

「2」の数字が持つ感受性の強さが増幅されるので、真に豊かな感受性が強く、芸術的センスが高い数字なのですが、リーダーシップの意味がある「1」が2つ並んでいることから、自分が上に立つということもできます。

ただ、「1」と違うのは、そのリーダーシップが現実的なところでというよりは、感性で人を引っ張っていく、精神的なリーダーシップであるということです。

また、人に対して何かしてあげるという力も強いほうです。人助けという意味では「9」も同じ意味を持っていますが、「9」がやや見返りを求めることがあるのに対し、「11」は相手に寄り添って助けていくようなイメージになります。

ただ、「11」は繊細な「2」が増幅してできたということもあり、少し精神的に弱い面もあります。他人の言葉に傷ついたり、極端に気にしすぎたり、ネガティブなことを考えると止まらなくなります。また、哲学や宗教にハマりやすく、時に霊感があると勘違いすることもあります。

この数字を持つ人は、中性的な美しい風貌や品格がある人が多いのですが、一方でセクシュアリティをあらわす数字なので、愛したい、愛されたい願望や、甘えたい願望が人一倍強かったり、ジェラシーも強かったりします。

そういう意味で、本当はものすごく感情の起伏が激しいのに、それを内に秘めて外に出さない人も多いでしょう。

22【会長】

責任感
現実
向上心
親切
親思い

理想
とにかく自分が1番
陰の実力者
理不尽

合理性
自分
自分だけ
褒めてほしい
優しさ

利益
他人
安定
思いやり

リーダー
思いどおり
支配
ほかの意見を聞かない

行動
大物感
暗躍
寄り添う
黒幕

負けたくない
暴君
高飛車
成功談

非凡と開花
お金
正義感
仕事
冷たい

「22」は、「1」や「8」と並んで強い数字です。「1」のキーワードは父、「8」は社長であるのに対し、「22」のキーワードは会長です。わかりやすく言えば、自ら動いて引っ張っていくリーダーとは違って、自分は動かずに、最終的な指示だけする、陰の実力者であり、ドンのようなイメージです。

ちょっと大物感が強いと思われるかもしれませんが、プロデューサー的な役割があるととらえてください。現実的に強いお金意識もありますし、利益性を追求する面もあります。またそれに伴った強い意志と、実行力もあります。

「22」は、マカレン数秘術では「22」のまま扱いますが、1ケタにすると「2＋2＝4」になります。ですから「2」の要素と「4」の要素も強くなっていくので、それぞれの数字の持つ現実的な側面が強くなるのです。

会長でプロデューサーなので、現実的に人をまとめていく力が強く、自分に従順な人をかわいがります。リーダーシップも非常に強いのが特徴です。ただ、このような非凡な才能を持っていても、それを開花させられる人もいれば、残念ながら埋もれてしまう人もいます。

マイナス面としては、支配的で傲慢な面があったり、欲が深い面があったりします。わかりにくいのは、そういったマイナス面を表に出す場合と、出さない場合があることです。まるでジャイアンのようにわがままにふるまう人もいれば、自分からは何もしないでやってもらうように仕向ける人もいます。人によって両極端なのです。

繊細な面を持つ人が多いので、単にわがままにふるまうのではなく、「何も言わないで私がしてもらいたいことを察してほしい」と思っている人もいます。

例えば、どこかに食事に行こうとなったとき、「22」の人は「皆が食べたいものでいいよ」と言ったりします。そこで誰かが「イタリアンにしよう」と言うと「22」の人は、「ちょっと違う」と言います。「じゃあお寿司は?」「なんか違うなあ」。「ラーメンは?」「うーん、そういう気分じゃないなあ」。「じゃあ何がいいの? ステーキは?」「うん、それにしよう!」となるのです。最初からステーキがいいならそう言ってくれればいいのに……と言いたくなるかもしれませんね。

このように、自分からは決して言わないものの、結局自分の行きたいところに行きます。それをわかりやすく指示する人もいれば、行きたいところを察して決めてほしい人もいるというわけです。

COLUMN

似ているようで違う「2」と「11」

第2章では、マカレン数秘術で扱う数字の基本的な解釈についてお話ししてきましたが、なかでも「2」と「11」は似た意味を持っています。

計算してみればわかるように、「11」を足して1ケタにすると「1＋1」で「2」になります。そのため「2」と「11」には近い要素があるのです（ちなみに、「22」も1ケタになるまで足せば「4」になりますが、マカレン数秘術では「4」と「22」は別物と考えています）。

ここでは「2」と「11」の共通点と違いについて説明しましょう。

大きな共通点は、「2」も「11」も内省的な数字であることです。ただし、「2」のほうが女性的で内にこもりがちなのに対し、「11」のほうはもう少し外に広がりがあります。

たとえて言えば、「2」は「11」のさなぎのような感じです。「2」が経験を積むことで、「11」になっていく、ということもできます。また、「2」も「11」も人助け、癒し、愛されたいといったキーワードがありますが、「2」のほうが積極的に人助けしないのに対し、「11」のほうは傷つきながらも自分からすすんで人助けをする、といった違いがあります。

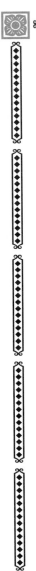

第3章

10の数字でその人のすべてがわかる！

マカレン数秘術の基本の占い方

構成数の関係性を理解する

この章では、いよいよマカレン数秘術の10の構成数における数字の解釈について説明していきます。

それぞれの構成数にあらわれた数字の意味を解釈できるようになると、基本的な性格はもちろん、仕事の適性や恋愛傾向、家族との関係、弱点、その人の深い部分にある本質までわかります。

それぞれの構成数の数字について説明する前に、まずはその大前提となる構成数の関係性について説明しましょう。このことを頭に入れたうえで数字を読み解いていくと、より理解が深まります。

【外面的な構成数と内面的な構成数】

10の構成数は、外面的なものと内面的なものの2つに分けることができます。

・「誕生数、社会数、家系数、外見数、使命数」……外面的なものを観る数字
・「核数、魂数、自我数、演技数、隠数」……内面的なものを観る数字

となっています。

まずは大きくこの2つに分けて、数字を観ていきます。

第1章で「3つの数字のグループ」について説明しましたが、外面的な構成数に「2、3、6、9、11」という精神性の数字が多ければ、外向きの顔は人間関係に重きを置いていたり感受性が強いでしょう。

しかし、内面的な構成数に「1、4、5、8、22」の現実性、あるいは「7」の知性の数字が多ければ、かなり自分というものが強い、といったことが観えてきます。

この**外面的な構成数と内面的な構成数の数字のバランスを読み取ることがポイントです。**

【対極にある構成数】

すでにお気づきかもしれませんが、10の構成数のうち次の8つは、実は対《つい》の関係になっています。

《外面的な構成数》　《内面的な構成数》

- 「誕生数」（表面的な性格傾向）⟷「核数」（根本的価値観）
- 「社会数」（コミュニケーション）⟷「魂数」（欲求）
- 「家系数」（仕事）⟷「自我数」（プライベート）
- 「外見数」（印象）⟷「演技数」（意識）

「使命数」（役割）は外面的な構成数の影響を、「隠数」（弱点）は内面的な構成数の影響を受ける関係となります。

この対になる構成数の数字が同じ、あるいは傾向が同じならば、裏表があまりありません。反対に対になる構成数の傾向が違うならば、自己矛盾や葛藤《かっとう》を抱えている可能性があります。

例えば、誕生数に自由人である「5」があっても、核数に安定志向の「4」があれば、転職したりフリーランスになるといった決断ができません。

また、誕生数に人として模範的であろうとする「6」があっても、核数に「7」があれば、一見あたりはよくても、人をシビアな目でみています。

この構成数の関係性をまとめたものが次ページの図になります。この図のように構成数を当てはめて観ていくと、その人の数字をより深く読み解く際に役立ちます。

構成数の関係性で数字を読み解く

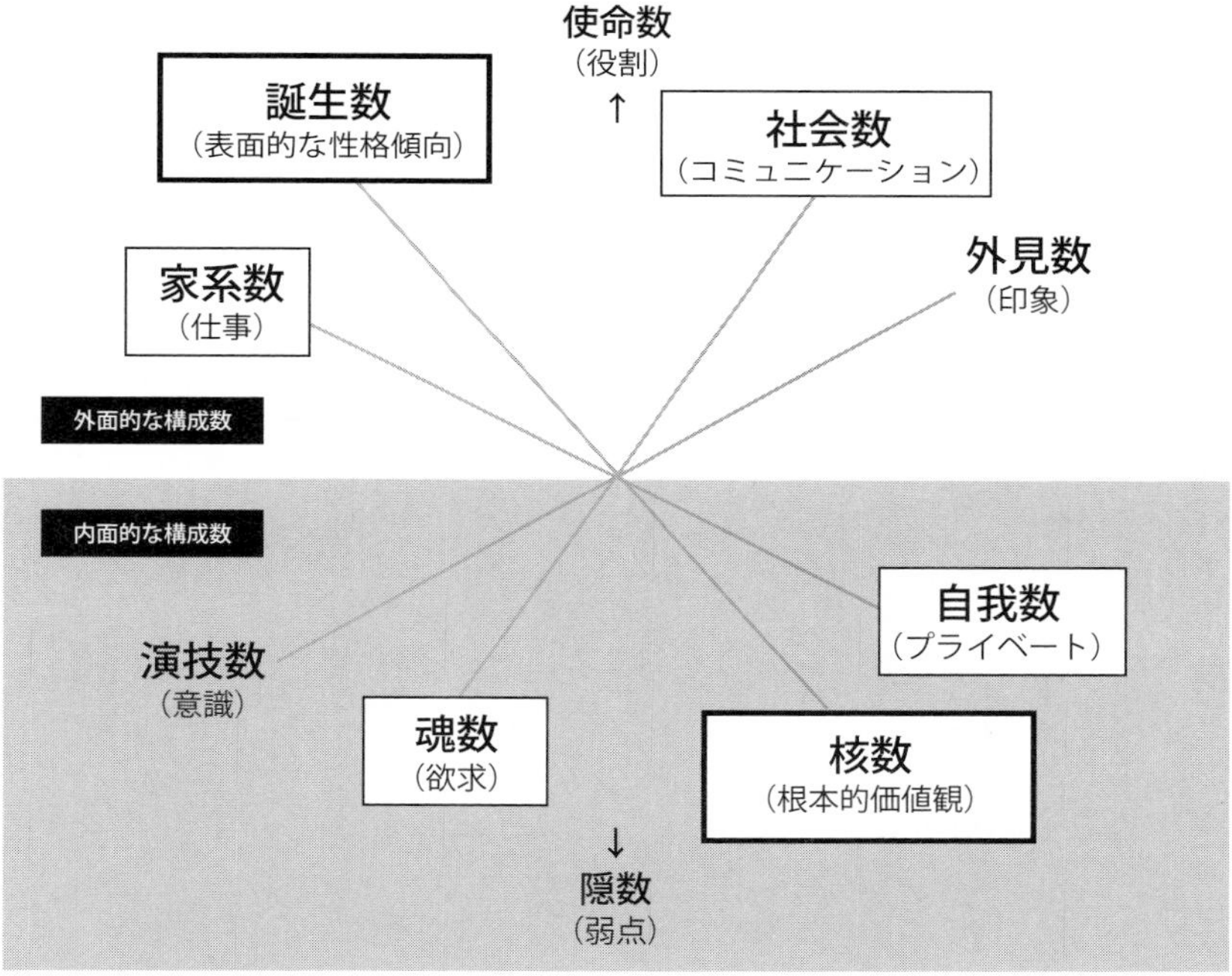

10の構成数は、外面的なものと内面的なものに分けることができる。

誕生数、社会数、家系数、外見数は外面的なものを観る構成数で、その影響を受けるのが使命数。

核数、自我数、魂数、演技数は内面的なものを観る構成数で、その影響を受けるのが隠数。

使命数、隠数を除いた８つの構成数は、この２つで分けたとき、対の関係になっている。

そのため、

・外面的な構成数と内面的な構成数の数字の傾向が同じならば、裏表があまりない。
・外面的な構成数と内面的な構成数の数字の傾向が大きく違う場合は、自己矛盾、葛藤を抱えている。

といったことが読み取れる。

１つひとつの数字を単体で観るのではなく、このように組み合わせて観ていくことが大切。

構成数の影響度

影響度	構成数
Aランク	核数、誕生数Ⅰ
Bランク	社会数、魂数、家系数、自我数
Cランク	誕生数Ⅱ、影数、使命数、演技数、隠数
圏　外	外見数

【構成数の影響度】

さらに、その人の数字を観ていくとき重要なのが、構成数の影響度です。

10の構成数は、その影響度によって3つのランクに分けることができます。

これまで説明してきたとおり、もっとも重要なのは「核数」、2番目に重要なのが「誕生数Ⅰ」です。これが影響度Aランクです。

影響度Bランクは、「社会数、魂数、家系数、自我数」です。

影響度Cランクは「誕生数Ⅱ、影数、使命数、演技数、隠数」となります。

ちなみに「外見数」は参考程度に出すものなので、圏外です。

つまり、重要度の高い構成数にある数字が、その人を形づくっている要素に影響を与えている、ということになるのです。

ではこれから、構成数ごとの数字の解釈をみていきましょう。

誕生数……表面的な性格（Ⅰ、Ⅱ、影数）

誕生数Ⅰに「1」がある人は、とてもしっかりしています。ただ、責任感がある、ナルシスト、見栄っ張り、一本気、誠実、単純などさまざまな解釈があり、どれが1番当てはまるかは、そのほかの構成数の数との組み合わせで観ていく必要があります。

誕生数Ⅱに「1」が出た場合、誕生数Ⅰの数を支える意味、あるいは隠れた意味になります。例えば誕生数Ⅰが「1」で誕生数Ⅱも「1」の場合は、非常に強い自分という意味になりますが、これもあとで出てくる核数が何かによって、意味に違いが出てきます。

影数に「1」が出るのは、誕生数Ⅰ、誕生数Ⅱの数字が、「2と8」「8と2」「3と7」「7と3」「4と6」「6と4」「5と5」の組み合わせのときです。誕生数Ⅰと誕生数Ⅱには「1」がありません。

同じように誕生数Ⅰと誕生数Ⅱに「1」がない組み合わせ（「3と4」「6と5」「8と7」

など）との違いは、表面的に「1」がなくても影で「1」を持っていますので、自己主張などはしなくても、内面的に自己決定はしているということになります。

例えば、誕生数Ⅰが「3」で誕生数Ⅱが「7」だとすると、表向きは「3」が相手やまわりに合わせているのですが、「7」がまわりを冷静に観察して、そのうえで「1」が評価をくだしている、という具合になります。

【2】

誕生数Ⅰに「2」が出た人は、優しく繊細で内気、女性性が強い人です。マイナス面では少々粘着質で、緊張しやすい人でもあります。

誕生数Ⅱに「2」が出た場合は、隠れた繊細性があります。つまり、メンタルが弱い部分を隠しているのです。誕生数Ⅰとの関連が強いので、対比をよく読み取る必要があります。数字によっては、二面性につながることもあります。

影数に「2」が出ることはごくまれで、通常の誕生数Ⅰと誕生数Ⅱの和からは算出されません。もし出た場合は、誕生数の組み合わせが不安定であることをあらわします。

【3】

誕生数Ⅰに「3」が出た場合は、明るく、「自分も楽しく皆も楽しく」がモットーのエンターテイナーです。その場の調整役で、人から頼られるのも好きです。和を乱したくないという思いが強く、おしゃべり上手であり、盛り上げ上手でしょう。一方で、軽薄でお調子者な面もあります。

誕生数Ⅱに「3」が出た場合は、誕生数Ⅰで出た数字を緩和するような役割があります。影数に「3」が出た場合は、誕生数Ⅰと誕生数Ⅱで出た数字をやわらげ、調整するような働きがあります。例えば誕生数Ⅰが「7」で誕生数Ⅱが「5」の場合、理屈っぽい「7」と自由の「5」の組み合わせですが、影数で「3」という調整役が加わることによって、雰囲気をやわらかくします。

【4】

誕生数Ⅰに「4」がある人は、安定志向で堅実なので、基本的に真面目な人です。リスクを負いたくないという傾向があり、口数も少なく、自己表現も苦手な人が多いでしょう。その代わりコツコツと仕事を積み重ねるので、ルーティンワークをこなすのは得意です。

誕生数Ⅱに「4」が出た場合、誕生数Ⅰの性質が行きすぎないように、ブレーキをかける働きがあります。いずれにしても安定志向です。

影数に「4」が出ると、常にストッパーがかかっているような状態です。一歩踏み出したくてもなかなか踏み出せないような働きがあります。

【5】

誕生数Ⅰに「5」がある人は、活発で快活、おしゃべり好きな自由人です。興味があることは集中力を発揮してとことんやりますが、興味があることしかやりません。飽きっぽいところがあります。

誕生数Ⅱに「5」が出た場合は、誕生数Ⅰの数字に柔軟性を与えてくれる意味があります。

影数に「5」がある人は、自由にやりたい気持ちがある人です。ただ、その思いが外に出るかどうかは、そのほかの構成数の組み合わせによって違ってくるでしょう。

【6】

誕生数Ⅰに「6」が出た人は、きちんとしている人です。いわゆる好感度が高い人なので、さわやかで清楚な印象を与えます。人当たりもよく面倒見もいいのですが、人に対してやや高飛車な態度を取ってしまうこともあります。

誕生数Ⅱに「6」が出た場合、誕生数Ⅰに出た数字を、まっすぐに後押しする意味合いがあります。

影数に「6」がある人は、常にいい人であろうとする気持ちが強いでしょう。例えば誕生数Ⅰが「1」で誕生数Ⅱが「5」の組み合わせの人は、「自分が強い人」と「自由人」の組み合わせですので、その意味だけをとらえればわがままになりそうな数字ですが、影数が「6」になることで、それほどわがままにならない傾向があります。

【7】

誕生数Ⅰに「7」がある場合、自己納得、自己追求の数字なので、頭がよく、クールで物静かであり、理屈っぽい人でもあります。自分が納得しないものはなかなか受け入れられません。周囲が楽しそうにしていても、その輪には加わらず、個人主義的なふるまいをする人が多いでしょう。オタク気質がある人にも多くみられます。

誕生数Ⅱに「7」が出た場合、誕生数Ⅰの数字の性質を知的な視点で支えることになります。ただし、数字の組み合わせによって解釈はさまざまに分かれます。

影数に「7」がある人は、顔には出しませんが、人や物事を批判的にみたり、批評をしたりする傾向があります。

【8】

誕生数Ⅰに「8」がある場合、「仕事をしてお金を稼ぐ」という現実的な意識が強くなります。どんな状況であっても、仕事は大事にするでしょう。物事に対して、自信を持って取り組みます。ときにはブルドーザー的に物事を強引に進めることもあります。

誕生数Ⅱに「8」が出た場合、誕生数Ⅰの数字を現実的な面から力強く支える意味を持ちます。

影数に「8」が出た場合も同様で、常に仕事やお金など、現実的な視点から物事を判断する傾向があります。

【9】

誕生数Ⅰに「9」が出た場合、「9」は人助けの意味が強い数字なので、誰に対しても優しい面があります。

ただ、誕生数Ⅰのように表面的な性格の部分に「9」があると、自分を隠して、自分を出さずに相手に合わせるので、つかみどころがない人かもしれません。

例えば、誕生数Ⅰに「9」があって自我数に「3」や「8」があり、隠数（弱点）に「5」や「7」がある場合、いつもはおとなしいのに急にはしゃいだり、空気を読まずに発言したりすることがあります。

誕生数Ⅱに「9」が出た場合、誕生数Ⅰの数字をやや弱める働きをします。

影数に「9」が出た場合、自己主張を弱くします。

誕生数Ⅰに「11」が出た場合、小さいことが気になる小心者で繊細なのですが、それを隠そうとするため、わざと傲慢さを装ったりします。

アーティスト的な性質が強いのですが、それは「11」が持つ感受性とセクシュアリティの強さからです。いろいろな面でアンテナを立てている人なので、ちょっとしたことでポジティブにもネガティブにも反応します。

誕生数Ⅱに「11」が出た場合、誕生数Ⅰの数字に感受性が加わることになります。ですから、強い数字に対してはやわらかく、弱い数字に対してはより弱くさせてしまう働きがあります。

例えば、誕生数Ⅰ、誕生数Ⅱがともに「1」で影数「11」が出たとき、「1」と「1」という強い数字の組み合わせなのですが、一見強そうに見えてもメンタルの脆《もろ》さを内包している、ということになります。

【22】

誕生数Ⅰが「22」の人は大物感があり、上に立つ性質もあるのですが、ほかの構成数によってはそのあらわれ方が大きく違ってきます。ただ、仕事の面では優れた力を持っている人であることは間違いありません。

誕生数Ⅱに「22」が出た場合、誕生数Ⅰの性質をかなり強く後押しします。自分中心の解釈をしがちになります。

影数では「22」が出ることはほとんどありません。「2＋2＝4」になる場合が多いからです。仮に「22」が出た場合は、自分の利益の視点で物事を判断している人ということになるでしょう。

社会数……コミュニケーション

【1】

リーダーシップがあり、責任感もあり、向上心もある人です。一方で負けず嫌いで目立ちたがりでもあり、仕切りたがりな面もあるため、ほかの構成数によっては、人を蹴《け》落《お》としてまでのし上がろうとしたり、頑固な面があったりするケースもあります。

【2】

人への対応が優しく、やわらかい印象を与えます。その半面、人づきあいが苦手で、自分をさらけ出すことができず、細かいことを気にしがちな面も。内気な人も多いでしょう。

【3】

調整役であり、場を取り持つ役目があります。誰にでも明るく楽しく接しますが、中身が伴わず、少々無責任な一面も。

【4】

とにかく安定志向です。リスクをとらない社会的アプローチをします。真面目でおとなしい印象です。少し堅物に見えるところも。また、ほかの構成数によっては、ずる賢い面が出る場合もあります。

【5】

器用で快活な人ですが、気まぐれな一面も。誰とでも仲良くなれる人ですが、表面的になりがち。縛られたくない意識が強いので、自分を自由な立場に置いておこうとします。

【6】

博愛主義、公平、道徳的といった「6」の特徴がよくあらわれます。いい人としてふるまうので、その場、そのときにあるべき〝いい人〟になります。

ただ、ほかの構成数次第では、いい人でいる意識が過剰になり、ややモラハラ傾向があらわれることもあります。

【7】

納得するものは受け入れ、納得しないものは受け入れない傾向があります。日常的なかかわりをもとにして、無意識に「この人はこういう人、あの人はこんな人」と、人をランクづけしていきます。

ほかの数字との組み合わせ次第では、自分が嫌なものに対して、顔に出る人と笑顔で対応する人に分かれます。

【8】

仕事第一、お金第一の人。自信家であり、仕切りたがりです。情熱を持って物事に取り組み、いち早く結果を求めます。

【9】

基本的に弱い人を助け、困った人をなんとかするような行動を取ります。ただ、周囲の状況に左右されやすく、流されやすい面もあるため、ほかの構成数によってはえこひいきが強くなったり、意地悪をしたりすることもあります。

【11】

どんな人間関係を築くかが重要です。人に対して敏感なので、相手から言われたことやされたことに思い悩み、自分が言ったことやしたことに対しても思い悩みます。美的意識が高く、人を助け、癒し導くことで社会とのかかわりを持ちます。

【22】

強い意志と向上心、独立心、指導者意識があり、まさに人の上に立つ数字です。仕事で成功したい欲求も強く、お金に対する欲求も強いでしょう。

ただし、ほかの構成数次第では、それを表に出すか、人にやらせるのかは、かなり違いがあります。

魂数……欲求

【1】

「1」という数字のとおり、「1番になりたい」欲求があります。

ほかの構成数（特に核数）によって、1番になりたい対象がお金なのか地位なのか、あるいはほかの分野なのかが変わってきます。

例えば核数が「11」ならば、人のために上に立ちたい、あるいはアーティストとして極めたい、といったことになります。

【2】

人の役に立ちたい思いがあります。また、美の分野に対して、何かを表現したい欲求もあります。甘えたい、愛されたい思いも強く、嫉妬深い面もあるでしょう。

【3】

周囲の人とうまくやりたいという欲求があります。楽しませたい、場を盛り上げたい人でもありますが、ラクなことをしたいといったお気楽な一面も。

【4】

安定志向が強い数字です。安心を求め、リスクは冒したくない、失敗したくないという思いが強いでしょう。

【5】

「あれもしたい、これもしたい」といった、自由を求める欲求があります。また、縛られるのを嫌います。ただし、これらの欲求が表に出るかは、ほかの構成数にもよります。

【6】

道徳的、模範的な数字です。いい人でいなければならない、人としてきちんとしなければならないという意識が強いでしょう。

【7】

自己納得の数字です。常に納得を求めるため、曖昧なことを嫌う傾向があります。理にかなったことには納得します。

【8】

ズバリお金の欲求です。現実的に豊かになりたいという思いがあります。

【9】

人を助けたいという欲求と同時に、見返りを求めたいという欲求があります。一生懸命人助けをしているようでいて、最後は「こんなにしてあげたのだから、何か見返りがほしい」と思ってしまうケースも。

【11】

人助けの欲求と同時に、自分を表現したいという欲求があります。また、強く愛されたい、甘えたい欲求も強いでしょう。

【22】

お金持ちになりたい欲求や、社長になりたいなど、上昇志向が強くあらわれます。また、現実的な物欲が強い人です。

外見数……印象

【1】

しっかりしてみえる、いわゆる〝格好がいい〟人です。その半面、傲慢にみえたり、時にえらそうにみえることもあります。

【2】

男性でも女性でも、きれいで繊細な印象の人が多いでしょう。男性でも、女性性の強い外見を持っているか、しぐさが女性的であったりします。

【3】

男女を問わず、いくつになっても若々しい印象の人が多く、老け知らずです。

【4】

とても真面目な印象を与える人です。人によっては、華やかさにやや欠け、地味な印象を与える場合も。

【5】

見た目は自由人のようにみえますが、本当かどうかはほかの構成数によります。好きなことをしている印象を与えることが多いでしょう。

【6】

女性の場合は清楚な印象を与えます。男性なら、さわやかな好青年のイメージです。信用できそうな感じを与えます。

【7】

頭脳明晰で、知的な印象を与えます。物静かなイメージがあります。

【8】

おおらかで明るい印象を与えます。情熱的でエネルギッシュな感じの人が多いでしょう。

【9】

男女を問わず、優しそうな印象を与えます。女性の場合は、見た目もきれいな人が多いでしょう。

【11】

女性ならセクシーでありながら、ちょっとミステリアスな感じの印象を与えます。いわゆる〝不思議ちゃん〟の場合も。男性なら、ちょっと一風変わった雰囲気を漂わせている人が多いでしょう。

【22】

若い頃はそうでもないのですが、年齢を重ねるごとに大物感を漂わせる人が多いでしょう。

一風変わった印象、雰囲気を持っています。

使命数……役割

【1】

何かを1人でやる、あるいは人の上に立つ人です。それがリーダーなのか、責任者なのか、決断者なのか、独裁者なのか、フリーランスなのかは、ほかの構成数によって変わってきます。いずれにしても1人で何かをするという意味があります。

【2】

人のために何かをすることを意味します。人を癒す目的が、アーティスト的な意味合いになるのであれば、芸術や美的表現をする役割につながるでしょう。

【3】

エンターテイナーであり、調整役でもあります。その場を盛り上げる役を買って出ることも多いでしょう。「皆も楽しく、自分も楽しく」を求める人です。

【4】

安定を求め、リスクを背負うことを嫌います。大きな組織に身を置くか、あるいはどこかに所属しながら力を発揮していく人でしょう。

【5】

縛られることが嫌いで自由を求める人です。1人で好きなことをすることを好むため、フリーランス的なところに身を置きたがります。

【6】

人の模範になれる人です。人を教えたり、育てたりする役割があります。

【7】

自分を納得させたり、人を納得させたりすることができる人です。理にかなった主張ができる人でもあります。

【8】

とにかく仕事、そしてお金を優先させます。現実的な結果を求める人でしょう。

【9】

人助けの数字です。人の面倒をみることになったり、何かを請け負ったりする役割があります。

【11】

精神的な面で誰かを癒す役割があります。またアーティスト性が高く、美を追い求める人も。「11」はセックスの数字でもあるので、情愛の深さがあります。

【22】

人の上に立つ役目を持つ人です。仕切りたがりでもあり、あらゆるものを自分のものにしたがる、独占欲の強さも持ち合わせています。

家系数……仕事

【1】

家系数は仕事や公の場でのその人を意味するので、ここに「1」があるのは悪くありません。仕事の上昇志向が強く、リーダーシップもあり、利益主義者でもあります。職種にかかわらず、社長や経営者、フリーランス、役職のある立場に就く人が多いでしょう。

【2】

人を癒す力があるので、職種としては医療系、美容系、秘書、芸事、水商売などがあげられます。ただ、性格的に内気な人が多いので、人の上に立つのは難しいでしょう。

【3】

仕事の場でも調整役がぴったりです。目立つタイプなので組織のなかでエリートになれますが、人の上に立ったり、トップにはなりません。エンターテインメント的な仕事に向いています。愛想がいいので、接客、販売、飲食など、人を喜ばせる仕事に就くと能力を発揮できるでしょう。

【4】

家系数に「4」がある人は、目立つことを嫌います。仕事としては事務、経理、公務員、製造、ルート営業、検品作業など、細かい作業やルーティンワークが向いています。構成数次第では、ほかの職種に就くこともあります。

ただ基本的に安定志向が強いので、例えば医師になったとしても、開業をしない勤務医になったり、経営者でも親のあとを継ぐような環境下でしかやらない傾向があります。

【5】

自由人なので、職種にかかわらず、興味があることを仕事にします。人と違う変わったことを選びたがる傾向があるでしょう。機転がききますが、器用貧乏な一面もあるでしょう。

【6】

人を教え育てることが向いています。例えば、幼稚園や学校の先生はもちろん、塾講師、保育士、インストラクターなど。また、会社のなかで教える立場、相談役やカウンセラーなどもいいでしょう。あるいは、警察、消防、自衛隊などの正義感が求められる職種もおすすめです。

【7】

職種で言えば、研究、開発、情報、企画、編集、広告、マスコミなど、突き詰めるタイプの仕事が向いています。これらの職種以外でも、納得するまで考えたり、突き詰めて答えを求めたりするようなものがいいでしょう。

【8】

銀行、証券などの営業職、建設、商社などの現実的成果の出やすいものが向いています。ただ「8」の人は、どんな職種においても積極的な働きをします。例えば医師だったら、昼夜を問わず診療や手術に取り組むなど、自分の仕事に邁進《まんしん》していきます。

【9】

基本的に人助けの数字なので、職種としては医療、介護、福祉、教育などが当たりますが、ほかの構成数によっては美容、アパレル、飲食、芸能、水商売などもいいでしょう。家系数以外の構成数に「9」がたくさんある人は、人助けと同時に見返りを求める傾向があるため、政治家やワンマン社長になることも。

【11】

医療やカウンセラーなど、人助け全般の仕事が向いています。また根っからのアーティストなので、芸術系全般の仕事もおすすめです。

【22】

仕事で成功したいという思いや、上昇志向が強いので、社長、会長、プロデューサー、監督、フィクサーなどが向いています。ただ、達成できるかどうかはほかの構成数次第です。

自我数……プライベート

【1】

自我数に「1」がある人は、プライベートも王様です。仕切りたがったり、いばったりする人もいます。ただ、王様はえらそうにしているだけではありません。国を統治する人ですから、責任感があります。女性の場合は、男性に対等性を求めるでしょう。また、ほかの構成数によっては、内弁慶になる人も。

【2】

家族内では調整役です。子どもの頃、親に甘えたいのに甘えられない状況にあった人もいるでしょう。相手に合わせてしまったり、言いたいことが言えなかったりする人も多いかもしれません。

女性なら男性の言いなりになりがちに。男性の場合は、女性に寄り添いはするものの、少し粘着質な面もありそうです。

【3】

自我数「2」と同じく、家庭では調整役でしょう。女性の場合、つい男性の面倒をみてしまいがちになるため、ダメ男とつきあってしまう人も多いかもしれません。男性も、女性の面倒をみるので優しいのですが、やや責任を取りたがらない傾向があります。

【4】

真面目な人です。親の枠にはめて育てられてきた可能性が大なので、よくも悪くも親の価値観が染み込んでいる人が多いでしょう。

【5】

プライベートでは自由気ままな人です。そのため、わがままで自己中心的になりがち。本人にはそこまで自覚はないのですが、周囲の人を振り回してしまう傾向があります。

【6】

親思いの人が多いです。親と仲がよく、結婚しても実家と距離が近い人（物理的か精神的かは人それぞれ）が多いでしょう。常に親のことを気にかけているので、いつまでも実家から出られなかったり、実家から出たとしても、精神的に依存したりしていることがあります。

【7】

親に反抗的だった人が多いかもしれません。個人主義なので、家族や配偶者、夫との関係もベタベタせず、比較的クールな人が多いでしょう。

【8】

自我数「8」の人をわかりやすく例えると、プライベートは〝ジャイアン〟です。あくまでもプライベートの場でのみですが、仕切りたがり、強引、わがままな面があります。

【9】

家族の人助け的な役割があり、またその行動を取るので、親にわがままを言わずに育つ傾向があります。

女性ならダメ男とつきあってしまう傾向があり、わがままな男性の面倒をみてしまったりします。男性の場合は、女性の言うことをよく聞き、女性の好きなようにさせてあげる人が多いです。

ただし男女問わず、「こんなにしてあげたんだから」と見返りを求めることも。

【11】

家族のなかで疎外感を抱きながら育つことが多いかもしれません。

女性は男性に対して、セックス面で言いなりになる傾向があります。男性は女性に優しいのですが、本当に好きで優しいのかみえにくい印象があります。

【22】

プライベートでは横暴な〝暴君キャラ〟の傾向があります。ほかの構成数によって、口うるさいタイプなのか、何も言わずに自分のためにやらせるタイプなのかが違ってきます。

行きすぎるとＤＶになる要素もありますが、機嫌がいいときは徹底的にかわいがることもあるでしょう。

演技数……意識

【1】

頑張り屋で負けず嫌いです。常に、きちんとしている人としてみられたいと意識している傾向があります。

【2】

美意識が高いため、美しくみせたいという思いが強いでしょう。あるいは、繊細そうにみえたいという傾向も。

【3】

周囲を楽しませるために気をつかう人です。皆に合わせて空気を読んで、楽しい雰囲気をつくることを優先しがちになります。

【4】安定志向が強い人です。そのため、真面目にみられたいという思いが強いでしょう。

【5】縛られたくないという思いが強いため、自由な雰囲気を出したい、自由人にみられたいという傾向があります。

【6】いい人にみられたい、好青年にみられたいなど、いわゆる印象をよくしたいと思っている人が多いでしょう。

【7】頭がいい人にみられたいと思っているので、知的にふるまいがちになります。

【8】

仕事へのやる気やガッツは人一倍。「仕事を頑張ろう」という意識が強い人であり、また周囲からそうみられたいと思っています。

【9】

相手に合わせて自分を隠す傾向があります。人によっては、「何を考えているのかわからない人」にみられることも。

【11】

アーティスト意識が高く、美的意識が高い人です。同時に人からもそのようにみられたい思いがあるため、ふるまいにもあらわれます。

【22】

大物感がある人ですので、まさに大物のようにふるまったり、権力があるようにみせたりする傾向があります。

隠数……弱点

【1】

「私がやります！」となんでも引き受けてしまいがちなところがマイナス点です。責任感の強さから自分で申し出た結果、自分で自分を苦しめてしまうことも。

【2】

ネガティブ思考が強く、いつまでもクヨクヨと考えてしまいがち。傷つきやすいところがありますが、それを無言にアピールしがちな面もあり、かえって悪印象を与えてしまうので注意しましょう。

【3】

楽観的なのはいいのですが、責任を取りたくない思いが強く、ラクなほうに逃げてしまうことがあります。忍耐力が足りないため、面倒くさいことが起こると、途中で放り出してしまう傾向も。

【4】

物事に対して慎重で安定志向のため、それが裏目に出てしまうことがあります。勇気を出して一歩踏み出すべきときに踏み出せず、守りに入ってしまう傾向があるため、目の前のチャンスを逃してしまうことも。

【5】

そのときの気分で動きがちなので、物事を衝動的に決めてしまい、結果として失敗しやすい傾向があります。

【6】

親や実家にこだわりがあり、物事も左右されがち。ほかの構成数によっては、親とベッタリな関係になる人と、逆に極端に親との関係が悪くなる人がいます。

【7】自分が納得しないものにはとことん執着するので、例えば合わない上司との関係などに悩み苦しむ傾向があります。

【8】お金がいい、条件がいいといった理由で物事を選ぶと失敗します。おいしい話や利益優先のものに乗りやすい傾向があります。

【9】頼まれ事を断ることが苦手です。そのため、つい引き受けてしまい、苦しんでしまうこともあります。

【11】取り越し苦労が多く、物事を気にしすぎるのが弱点。1人でクヨクヨ悩み、ネガティブに浸る傾向があります。

【22】

隠数の「22」は計算上出ないため、省略します。

核数……根本的価値観

【1】

核数はその人のもっとも深い部分にある価値観ですから、ここに「1」がある人は、芯が強く、しっかりしていて、プライドが高い人です。これを表に出すかどうかはほかの構成数によります。責任感や行動力がある半面、人の言うことは聞きたくない、「私が（俺が）1番」だと思っています。

核数「1」に加えて誕生数Ⅰが「1」の人は、かなり強い自分を持っています。誕生数Ⅰが「3」なら、相手に合わせているのは表面だけで、「自分は自分」と思っていることがあります。

【2】

繊細な優しさを持つ人ですが、それだけに不安定な精神性があり、いじけたり、妬みやすい傾向があります。ほかの構成数によりますが、誕生数など外面的な数字に現実性のグループの数字がないと、精神的に弱い面があります。

【3】

明るく優しい人で、誰とでも広く浅く仲良くします。自分を出すよりも、まわりに合わせる気持ちが強い人です。ただし、お調子者で、お気楽すぎるところもあります。

【4】

実直で真面目、安定志向が強いため、リスクを冒すことはまずしません。マイナス面ではお堅いために頑固で、保守的なところがあります。

【5】

自由気ままな人です。好奇心旺盛なのはいいのですが、気まぐれで移り気なため、興味がなくなると、さっさとやめて次に興味があるものに移るのも早いでしょう。

【6】

「いい人でいなければならない」という意識が根底で支えているため、博愛性や道徳性、公平性が強い人です。人としてこうあるべき、という意識も強いでしょう。よくも悪くも、実家や親のことを気にする傾向もあります。

【7】

とにかく知的で冷静な人です。群れることを好まず、言葉を大切にします。一方マイナス面としては、頭がいいだけに人のことをバカにしやすい傾向があります。

【8】

意志が強く大物気質があり、基本的にいばり屋です。お金にはシビアな面がありますが、自分で稼ぐ気持ちは誰よりもあるので、働き者です。

【9】

自分より人、まわりのことを優先します。人助けの精神がありますが、確固たる自分がなく、まわりに流される傾向があります。一方、自分の見返りを優先するため、少々ずる賢い面もあります。

11

人を助け、癒し、導く役割を持つ人です。

強い感受性とセクシュアリティを持っているので、優しさがある半面、極度に人の言動や行動を気にするところがあります。ネガティブなことを考えると、悪いほう、悪いほうへといってしまい、負のスパイラルに陥りやすいでしょう。

とても魅力的な人ですが、厄介な面が垣間《かいま》みられる人でもあります。

22

社長、会長、大物、独裁者、暴君などが持つような強い意志や行動力、そして上昇志向があります。これが深い部分でベースになっているため、外面的な構成数によって表現の仕方はそれぞれ違うものの、わがままになりやすい傾向があります。

方向性や、まわりの人によって、かなり人生に差が出ることになるでしょう。

COLUMN

多い数字、ない数字に注目してみる

マカレン数秘術の占いの上達のポイントは、なんといっても数をこなすこと、これに尽きます。そうしていろいろな人の数字を観ていると、構成数のなかに、いくつか同じ数字が出てくることがあります。例えば、「影数3、使命数3、魂数3」、「魂数8、演技数8、隠数8」といった具合です。

このように「多い数字」を持っている人のことを、私は「3系（3が強い人）」「8系（8が強い人）」などと表現しています。その数字がその人を象徴しているといってもいいでしょう。

一方で、「ない数字」に注目することも、占い上達の秘訣です。

前にも述べましたが、構成数に「1」がない人は、基本的に自分で物事を決められない人です。また、「7」がない人は話し合いが得意ではありません。

持っていない数字に注目することもまた、その人を理解するヒントとなるのです。

ただ、「ない数字」があること＝悪いことだとは思わないようにしてください。自分が持っている数字を大切にすることで人生は開ける。私はそう信じています。

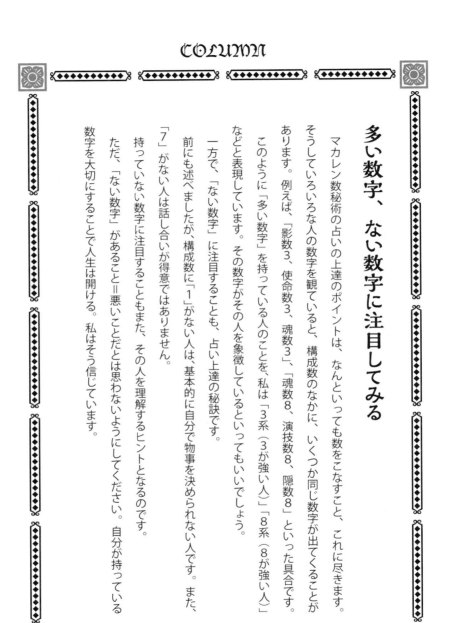

第4章

数字が教えてくれる「本当の自分」

根本にある「核数」の影響力

その人の「核」になるものは何か

これまでも核数の重要性については触れてきましたが、**マカレン数秘術は「核数」なしには語れません。**

核数はもっとも大事な数字です。その人のもっとも深いところにある価値観、土台になるもの、母船のようなものです。それ以外の数字はこの母船、土台にある数字によって操作され、影響されています。

ちなみに既存の数秘術には、誕生数や生命数、使命数、魂数、鍵数などといった名前でいろいろな数字を出すものがありますが、日本はもちろん海外でも、**「核数」**を算出したものはほかにありません。

核数が重要な理由――それは、核数の数字が何であるかによって、ほかの数字の解釈がガラッと変わってしまうくらい影響力が大きいからです。つまり、核数によって「大どんでん返し」が起きることが多々あるのです。

例えば、核数「1」の人の社会数「1」と、核数「3」の人の社会数「1」の場合では、大きな違いがあります。核数「1」で社会数「1」なら最後まで責任ある行動を取りますが、核数「3」で社会数「1」の場合、いざとなったら責任を取らずに逃げる可能性が高くなります。

ですから、核数がどんな数字かを踏まえたうえで、ほかの数字がどのように絡んでいるかを観れば、仕事の人間関係、友人同士、恋愛関係、夫婦、親子、あるいは近所づきあいといったさまざまな関係性で悩んだとき、自分のあり方や相手を読み解くことで、対処の仕方に道筋が観えてくるのです。

自分を読み解くことでも大きなヒントを得られます。何を目指していくのか、独立できるのか、独立するならどうやればいいか、自分の役割や適性は何か、あらゆることに対する指針をつかめるでしょう。

この章では、核数によってどのように数字の解釈の「大どんでん返し」が起こるのか、という視点で解説していきます。核数のそれぞれの数字の解釈については、第3章もあわせて参照してください。

核数【1】

もっとも深いところに「自分」があり、それを表に出す人と出さない人がいます。非常に芯が強く、リーダーシップもあります。困難を乗り越えていく力を持っています。

根底に「1」があるので、とにかく自分が1番です。自分が正しい、自分を尊重するべきという意識が強いのです。

ですから、表面的に友好的だったり受動的だったとしても、本当は人の話を聞いていなかったり、結局は自分の意思でしか動きません。自分のためでも人のためでも、自分が決めたらやるということです。すべて自分次第です。

究極、核数「1」の人には何を言ってもムダな場合が多いかもしれません。

核数【2】

とても優しく繊細で、女性性の強い人です。内気な面も持っています。

外面的に現実性の強い数字があっても、気にしすぎで、人の言葉に敏感だったりしますから、対人関係が強く影響します。

あるときは同意してくれたのに、時間が経つと知らず知らずに反対勢力に転換してしまっていたりします。ずるいとか計算高いとかではなく、傷つきたくないとか、悪く思われたくないとか、そんな心理が揺れる結果を招くのです。

また繊細ですから、自分の本当の気持ちをひた隠しにするので、何を考えているのかわからない印象を人に与えがちです。核数「2」の人がほかに「7」を持っていると、ネチネチと人を分析評価するので、かなり辛辣な思いを抱いている場合があります。

核数【3】

明るく、楽しく、行動力のある人です。自分も楽しく、皆も楽しく、和を大切にします。一方で、都合が悪くなると逃げ足が速く、無責任な傾向も。

皆を先導していく能力に長けているのですが、都合が悪くなったり、自分がつまらなくなったりすると、あっさり放り投げてしまいます。大事な決断をすることを好まず、先延ばしの傾向が強く出ます。ただ、褒められたりおだてられたりすると、人の嫌がることもやってくれます。

核数【4】

真面目な人です。安定、堅実、保守的という言葉がぴったりです。表立った自己表現は苦手で、あまり自分の本音を言いません。

やるべきことはきちんとやるのでまかせて安心ですが、変化を好まないので急な変更には対応できません。ルーティン性が強いので、よいルーティンと悪いルーティンと極端な現象を生みやすいのです。

仕事は真面目にやるのにギャンブルがやめられないとか、体に気をつけて毎日ジョギングしているのに暴飲暴食してしまったりと、習慣化するとなかなかそれから抜け出せなくなることもあります。また、一度気に入った店や料理はずっと好きで、そればかりみたいになりがちです。

核数【5】

根っからの自由人です。気まぐれなので興味のあることには熱心ですが、興味がなくなるとやめてしまう面も。いろいろなことをやりたがる、好奇心旺盛な人です。

まわりからは飽き性だと思われたりしますが、本人は追求型人間だと思っています。興味のあることはとことんやりますし、興味のあることが変わると、もう今までやっていたことはどうでもよくなります。もう少しやれば極められたのにと、周囲からもったいないと思われることもあります。そのため、一貫性のある人からは敬遠されることもあります。

1人でやることを好んでみたり、皆とワイワイやることを好んでみたり、恋人との2人の時間を大事にしている最中に急に友達を呼んでみたりと、支離滅裂なのも特徴です。

核数【6】

ひとことで言えば「いい人」。模範的であろうとするため、破天荒なことはしませんが、後輩の面倒見がよかったり、親思いであったりします。

血のつながりを大事にしますから、親や子に対する情のある接し方と、配偶者に対する接し方に差異が出ます。血のつながりのある家族を大事にしてくれる配偶者は大切にします。

世間体、体裁を気にしていますので、見栄っ張りでええかっこしいです。模範的な意識が強いので、「私の言うことを聞いていればいい」というような、ややモラハラ的気質を持っています。

本音というより、思考の根底に「人として」とか「世の中というのは」という価値観があり、それに基づいて行動したり話をしたりします。ですから、頼りにされるのは好きです。

ただ自分の言うことを聞き入れない人は徹底的に嫌う傾向があるので、ほかの数字との兼ね合いでは、相当な意地悪、サディストになる可能性もあります。

核数【7】

自己納得の数字で、納得しながら生きていきたい人です。人を分析・審査しながら見ているようなところがあります。頭脳明晰で、群れることを嫌う、個の強い数字です。

納得しないものは受け入れない。頭ごなしの命令、感情的な対応、理不尽な要求などには反発します。ですから、会社なら上司、学校なら先生、家庭なら親や兄、姉などとの関係が大事です。

自分のまわりにいる人を、「この人はこういう人、あの人はこういう人」といった具合に、日常的に接しながらランクづけしていきます。そして嫌いな人は徹底的に嫌いますし、尊敬する人には従順になります。場合によっては「頭のいい人なのに、なぜあんな人に従っているのか？」といった行動をしたり、ヘタをするとおかしな宗教まがいのものにハマったりもします。

核数【8】

仕事とお金など、現実的な成果を求める人であり、活発で積極性もあります。それだけに強引で、自分の思いどおりに物事を推し進めていくところもあります。

現実主義なので、冷めてものをみている傾向が強いです。外面的に優しい数字、繊細な数字があって、「あ、この人は私に親身になってくれている」と思わせるような人でも、場合によっては利益優先の選択を取るので、周囲の人に裏切られたような思いをさせてしまうことがあるかもしれません。

「核数8」の人はとにかく仕事をしていないとダメです。女性の場合は、結婚しても一生仕事を続ける人が多いでしょう。それに加えて仕事のできない人は嫌いです。

核数【9】

人助けの意味を持つ数字なので、人のために動きます。ただ、自分を隠して相手に合わせるため、カメレオンのような一面もあります。

優しく思いやりもあり、自己犠牲の精神も強いので、人のためになる仕事や役割をしていくのがよいでしょう。

ただ外部の影響を受けやすいので、いいものがまわりにあればいい影響を、悪いものがあれば悪くなるというふうに、環境や接する人がとても重要な意味を持ちます。

決断力、決定力が弱いので、何かを頼むには頼りないかもしれません。そして、人のためといいながら、「これだけしてあげたんだから……」と見返りを求めてくる場合があります。

ですから、何でもしてくれるからと甘えてばかりいると、どんでん返しをくらうことになります。

核数【】

感受性が強く、繊細なアーティストの数字。核数「11」の人は、基本的に普段、傷つきやすい繊細な性格を隠している傾向があります。愛したい、愛されたい願望がもっとも強い人でもあります。

「11」は感受性とセックスの数字でもあるので、愛情表現としてセックスは非常に大事になります。ジェラシーも猜疑《さいぎ》心も強いので自分のパートナーには強い執着を持ちますから、パートナーはそれに応えるものがなければなりません。

感情の起伏が激しいのですが、それを出す相手は、本人が気を許したり信頼する人、あるいは恋愛のパートナーだけです。さっきまで機嫌がよかったのに急に怒り出したり落ち込んだりと、理由のわからない感情表現をしますが、あくまでそれは核数「11」の人にとっては心を許した証です。本当に「この人なら」という人だけです。

ですから、核数「11」の人にとって本当にわかり合える人は、同じ核数「11」の人だけかもしれません。

核数【22】

現実思考の王様のような性格で、表面的に相手に合わせようが、リーダーになろうが、最終的に自分の思うように物事を進めていく強引さがあります。現実的な利益を求める人です。外面的にどんな数字があろうともドッシリとしています。動じない、ブレないのが長所ですが、逆にまわりを自分に合わせようとする傾向が強いので、結局ワンマンです。独善的で人の言うことは聞いているようにみえて、実は聞いていないのです。

数秘術でここまでわかる②——核数編

では実際、核数によってどうほかの数字を読み解いていくか、有名人の方を例に、いくつか紹介していきましょう。核数の解釈を頭に入れてから読むと、非常に面白いと思います。何度もお話ししますが、核数はその数字を観るとその人がわかると言ってもいいくらい重要な意味を持ちます。

以下の有名人についても、核数とそれに絡んだそのほかの数字の組み合わせから、外面的なもの、内面的なものの違いなどが観えてくるでしょう。

【CASE1】志村けんさん

言わずと知れた日本を代表するコメディアンです。ザ・ドリフターズの時代にはじまり、子どもからお年寄りまで多くの人に愛され、不器用なまでに〝お笑い〟ひと筋に生きた人でした。

2020年3月29日、新型コロナウイルス感染症による肺炎のために惜しくも亡くなってしまいましたが、彼のお笑いは今でも日本人の心に生き続けていると言っても過言ではありません。

そんな彼の生年月日と志村康徳という本名から、人物像を観ていきましょう。

志村けんさんへの先入観は置いておき、1950年2月20日生まれの「SHIMURA YASUNORI」と名づけられた人物を、まずは読み解きます。

もっとも大切な核数は「6」ですから、真面目な人です。いい人でいなければならない、博愛性、道徳性、公平性の意識が強いのが「6」の特徴です。そして親との結びつきが強く、「親はどう思うだろうか」というフィルターが人生の大事な場面で強くなるのです。

誕生数が「1」「2」「3」と続いています。誕生数Ⅰにリーダーであり目立ちたい、上昇志向の強い「1」が強く出ていますが、誕生数Ⅱが繊細で女性性の強い「2」のため、出たがりのようでいてシャイだったり、人を励ましたりする半面、ナイーブで傷つきやすいという二面性を持っています。

ただ影数が「3」なので周囲に気をつかい、また楽しませるので、二面性があっても嫌味がなく、人に嫌われることがありません。

次に注目すべきは、社会数「4」で魂数「5」のところ。ここも矛盾しています。魂の欲求は自由に縛られずにやりたいことをやりたい「5」なのに、社会的なアプローチは安定堅実、失敗したくないという「4」です。

そのため、誕生数Ⅰ「1」と魂数「5」の作用で、やりたいことをなんとかやり遂げるために、安定したところに身を置くというやり方をとるでしょう。

外見数「8」は、しっかりして活発な印象を与えます。使命数「5」は人と違うことをしたい人でもあります。家系数「8」は仕事意識が高く、その能力があり、自我数「5」はプライベートが自由人です。

核数が「6」で自我数「5」なので、親から独立して自由にしているように見えるけれど、肝心な判断は親寄りの姿勢を取ります。また地元愛の強さも核数「6」が示しています。地

志村康徳（SHIMURA YASUNORI）　1950年2月20日生まれ

誕生数（Ⅰ・影数・Ⅱ）	社会数	魂数	外見数	使命数
1　3　2	4	5	8	5

家系数	自我数	演技数	隠数	核数
8	5	1	8	6

元の東村山を大切にしていたのは、このような面があらわれたのかもしれません。

芸名の「志村けん」で観ていくと、社会数「11」になり、アーティストの面が強く出てきて、愛されたい、甘えたい思いも強くなってきます。外見数「11」で、風貌もちょっと異質な感じが出てきますが、使命数「3」ですから、役割はエンターテインメントになります。

志村けんさんを知ったうえで総じて観ると、自由だけどシャイで目立ちたがり、そして寂しがり。生涯コメディアンで、後輩の面倒見がいい人だったのでしょう。

志村さんは厳格な父親の元で育ちましたが、高校を卒業後、いかりや長介さんの家に「弟子にしてほしい」と直談判をして付き人になり、その後、ドリフターズのメンバーになっていきます。「自由」を求めながらも、ドリフターズという「安定」を求めたのでしょう。

母親思いであることもよく知られていました。お母様も芸事が好きで、志村けんの1番のファンであったことが、彼にとっては強い

〈芸名〉志村けん（SHIMURA KEN）

誕生数（Ⅰ・影数・Ⅱ）			社会数	魂数	外見数	使命数
1	3	2	11	9	11	3

＊芸名の場合、家系数、自我数、演技数、隠数、核数は本名の数字で鑑定する。

後押しになったのでしょう。

本名で観ると、自分を苦しめる隠数に「8」があるため、どうしても仕事を優先してしまうところもあります。仕事優先で自由人、そして肝心なところで親寄りになってしまうことから、結婚願望がありつつも、生涯独身を貫いたのかもしれません。

亡くなる直前には、NHKの朝ドラに俳優として出演し、その後も映画に出る予定だったそうです。志村けんとしてのエンターテインメントの「使命」は、これからもっと広がるはずでした。本当に残念でなりません。

【CASE2】吉永小百合さん

吉永小百合さんは1959年に映画デビュー。年齢を感じさせない美しさで、今も映画の世界で活躍している大女優です。

さて、そんな吉永さんのもっとも大事な核数は「11」です。感受性が強く、人のために動く、天性のアーティストといえるでしょう。

また使命数も同じ「11」ですから、根本的な資質と役割が一致しています。

誕生数を観ると「8」と「4」の組み合わせです。仕事とお金という現実的な「8」と、安定堅実・真面目の「4」の組み合わせです。

「8」のほうが強い位置にあるため、仕事には積極的ですが、安定堅実の「4」と影数「3」、さらに社会数、魂数、演技数に「3」を持っていますから、人を楽しませたい欲求があり、自分からガツガツ出て行くタイプではありません。

外見数が「9」で人に与える印象はやわらかく、また「1」を持っていないため、あまり自己主張もしません。

ですが、そんな彼女の本質をあらわす核数は「11」なのです。

「11」はアーティストの数字でもあり、情愛の数字でもあります。彼女の持つ品のあるやわらかで清楚なイメージとは裏腹に、情愛は人一倍深いことが読み取れます。また、気分の落ち込みも激しい傾向があります。ただ、そんな深部にある魅力も、目立つことを好まない数字を持っているため、あまり前面には出してこなかったのだと思われます。

また自我数「3」は、子どもの頃、親に甘えられずに家族の調整役をし、大人になると男性の面倒をみるタイプです。隠数の「8」は、お金や条件がいいという方向で動くと後悔する数字です。

吉永小百合（YOSHINAGA SAYURI）　1945年3月13日生まれ
〈結婚後〉岡田小百合（OKADA SAYURI）

	誕生数（I・影数・II）		社会数	魂数	外見数	使命数
	8	3	4	3	3	9	11
改姓後				8	3	5	7

家系数	自我数	演技数	隠数	核数
9	3	3	8	11

さて、実際の女優としての吉永小百合さんはどうでしょうか。

何と言っても女優として大成功していますね。核数と使命数の「11」を見事に開花させています。

彼女はほとんど映画でしか活動しませんが、それも彼女の目立ちたくない、ガツガツ出たくない願望の「3」の影響でしょう。反核・反戦に重きを置くのも、人を助け癒し導く「11」の役目でしょう。

「サユリスト」と言われる彼女のファンは、そのほとんどが彼女の清楚でやわらかなイメージに惹かれているのかもしれませんが、その本質は情愛が深く発想が大胆で、シビアな金銭感覚の持ち主かもしれません。

ご主人はかなり年上の岡田太郎さんです。かなり年上というところが、男性の面倒をみる自我数「3」に当てはまります。

結婚して岡田小百合になり、社会数「8」、魂数「3」、外見数「5」、使命数「7」になりますから、やはり仕事をメインとして動く人です。ただ依然として「3」の持つ目立ちたくない欲求は変わらず、見た目は「5」でやや自由人ぽくなり、使命数「7」で自分が納得するまでやることになります。やはり生涯女優の人であり、決して清楚でやわらかいだけの女性ではないのかもしれません。

【CASE3】ドナルド・トランプさん

マカレン数秘術は、名前をアルファベットで観ていきますから、外国人も占えます。外国人の場合ミドルネームがあることが多いのですが、ミドルネームに関しては特殊な意味と扱い方があり、説明が複雑になるため、今回はミドルネームは考慮せずに観ていきます。

2017年1月、第45代アメリカ合衆国大統領に就任したドナルド・トランプさんの核数は「5」、つまり根っからの自由人です。

根っからの自由人の資質を持ちながら、誕生数が「4」「5」という並びになっているため危ない橋は渡らない、安定・保守という生き方を選びます。影数が「9」ですから、人のためという形を取りたがります。

社会数「3」は楽しいことが好きで、エンターテイナー、ややお調子者。魂数「1」なの

ドナルド・トランプ（DONALD TRUMP）　1946年6月14日生まれ

誕生数（I・影数・II）			社会数	魂数	外見数	使命数
4	9	5	3	1	11	7
		家系数	自我数	演技数	隠数	核数
		7	5	8	6	5

でリーダー志向、上昇志向が強く、外見数「11」で少し奇異な印象を与える人です。

使命数と家系数は「7」で、納得しないものは受け入れません。また「1」と「8」は社長の意味を持つ数字の組み合わせですから、人に使われるのを嫌います。ただし安定志向の「4」を持っているため、裸一貫から起業することはほとんどないでしょう。

隠数「6」ですから、親との結びつきや、家族などへの思いが強い人です。実際、彼はビジネスで大成功していますが、父親の経営する不動産会社に入社しノウハウを身につけたあと、父親の支援を受けて独立したようです。

核数「5」の気まぐれや「7」の革新性、「1」の上昇志向を持っている彼が、経済的、社会的に強固な安定を得たことで、自己顕示欲や奔放さをあらわにして数々の話題を振りまいてきたということになるのでしょう。

離婚も繰り返していますが、「6」の数字があることから、血のつながった子どもは大事にしています。

以前はリベラルな発言や立場で政治にかかわろうとしていましたが、共和党から大統領候補になり、また大統領になってからは極端なアメリカ第一主義を唱え、差別的な言動や政策を取っています。こういうところも自由をあらわす核数「5」で個人主義の「7」が絡んでいながら、安定志向の「4」が強いことが影響しているのでしょう。

このようなことから総じて読み解いていくと、アメリカの大手メディアは彼を否定的に扱っていましたが、実は彼は〝ミスターアメリカ〟とも言うべき存在なのではないかと思われます。

自由が根底にあり、革新と個人主義を重視し、ビジネスでの成功を求め、時に慈悲心をあらわし、家族を大切にする。しかし、自由は国家に忠誠を誓ったものだけに許され、革新は保守の範囲だけであり、力のないものは貧者になり、家族が大事だといいながら離婚やＤＶが多い……彼は今のアメリカそのものとして、支持されているのかもしれません。

【CASE4】 バラク・オバマさん

次は第44代アメリカ合衆国大統領に就任したバラク・オバマさんです。アメリカ合衆国史上初の黒人大統領です。そんな彼の核数は「3」、そして演技数も「3」です。つまり、「明るく皆で一緒に楽しくやりましょう」の人ですから、優しく親しみやすいですね。

バラク・オバマ（BARACK OBAMA）　1961年8月4日生まれ

誕生数（Ⅰ・影数・Ⅱ）			社会数	魂数	外見数	使命数
11	6	4	5	1	22	7
		家系数	自我数	演技数	隠数	核数
		5	9	3	8	3

誕生数Ⅰが「11」ですから、情愛も深く繊細です。メンタルにやや弱みを持っていますが、誕生数Ⅱが「4」で影数が「6」ですから、真面目に取り組み、「人としてきちんとしていなければならない」という支えになっており、弱みをみせずに人の規範となるように頑張ります。

実は核数「3」は、親しみやすいのはいいのですが、やや無責任で都合が悪いことがあると投げ出してしまう傾向があります。しかし彼の場合は魂数「1」があるので、投げ出したくなっても、「1」で踏ん張れるのです。

社会数「5」ですから自由なアプローチを好み、縛られるのを嫌います。家系数も「5」ですから、人と違うことを仕事にしたい人です。

使命数「7」、隠数「8」、誕生数Ⅰ「11」という組み合わせから、仕事も納得を大事に人のためにしますが、利益追求に走ると後悔します。

外見数は「22」ですから、人には強い印象を与えるでしょう。自我数が「9」なので、家族のなかで調整役だったり、幼い頃に親に甘えられなかったりしていますが、女性には優しい人です。実際の彼は幼い頃に両親が離婚し、母の両親にハワイで育てられています。

音楽やスポーツなど、楽しいことも好きなようですね。ノーベル平和賞を受賞したり、キューバと国交を回復したり、現職アメリカ大統領としてははじめて広島を訪れたりと、数々の改革を進めた一方で、実は失言も多いなど、ややおっちょこちょいな言動が露見してしまうのは、核数「3」のなせるワザ（?）でしょうか。

トランプさんにしてもオバマさんにしても、真の評価はこれから何年も経ってからでしょう。

ただ面白いことに、あのジョン・F・ケネディや、歴代大統領の評価として1位2位にランクインするエイブラハム・リンカーン、ジョージ・ワシントンの数字を出すと、皆「5」と「7」を持っているのです。

リンカーン、ケネディ、トランプさんは核数「5」、リンカーンは家系数「7」、オバマさんは使命数「7」です。自由と自己納得の数字が、アメリカ合衆国大統領の鍵を握っているのかもしれません。

COLUMN

数秘術で占う国名

マカレン数秘術は、国名でその国の性格（?）や特徴、国民性を観ることもできます。ちょっとしたお遊びのつもりでやってみると面白いですよ。

生年月日はなく、名前だけで観ますから、社会数、魂数、外見数の3つが出ます。国でいうと、社会数は対外的にどうあるべきかという、その国の方向性のようなものをあらわします。魂数は国民性、外見数はその国の印象になります。

【日本】 社会数「6」、魂数「6」、外見数「9」

「ニホン」で観ると、社会数、魂数が「6」。「6」は模範的な数字ですから、対外的にも国民性としても〝いい子〟であろうとすることをあらわしています。例えば日本では、新型コロナウイルスの感染予防のために、緊急事態宣言だけでロックダウンをしなくても皆で自粛生活を送りました。このように、いい子だから皆よく言うことを聞きますし、村社会ですからまわりに合わせ、調和を大切にします。外見数「9」も、優しく、人に合わせることを意味します。

次にローマ字のJapanで見ると、「6」「2」「4」になります。ローマ字で観ると、海外からみた日本という意味になりますが、いずれにしても「6」があります。欲求をあらわす魂数が「2」

COLUMN

になりますが、これは国際社会のなかで神経質な印象を持たれます。外見数「4」は安定ですから、安定した社会を築いているようにみえるでしょう。

【アメリカ（America）】　社会数「5」、魂数「7」、外見数「7」

社会数が自由をあらわす「5」です。自由の国アメリカらしい数字です。また「7」は理屈っぽい個人主義的な数字です。前にも述べたように、歴代のアメリカ大統領に「5」「7」を持つ人が多いのも、面白い共通点です。

【中国（China）】　社会数「8」、魂数「1」、外見数「7」

Chinaで見るので、英語圏からみた中国という意味合いになりますが、「8」があります。これは商売第一、利益第一の数字です。魂数が示す欲求としても「1」で、1番になりたい数字。外見数「7」は、見た目はインテリ、といったところでしょうか。

【フランス（Francaise）】　社会数「4」、魂数「7」、外見数「6」

フランス語で観るので、フランス人自身の意識としての数字です。社会的には「4」で安定していて落ち着いています。欲求としては「7」なので、納得しないものは受け入れません。とてもフランス人らしい数字ですね。外見数は「6」なので、比較的きちんとしているという意味になります。

第5章

仕事、恋愛・結婚、子育ての数字別アドバイス

人生を好転させる数秘術

数字を単体ではなく、組み合わせで観る

第5章ではマカレン数秘術の応用編として、**数字を単体ではなく組み合わせで読み解くコツ**をお伝えしていきましょう。ここでは占いで相談を受けることが多い「仕事」「恋愛・結婚」「子育て」を取り上げます。

これまで、数字そのものの意味や、その数字が構成数にあったとき、どう解釈するかをお話ししてきました。

しかし前にも述べたように、マカレン数秘術で大切なのは、この数字だからこう、と単純に結論づけるのではなく、数字同士のかかわりで観ることです。

「仕事」を観る構成数は家系数、「恋愛・結婚」「子育て」を観る構成数は自我数となりますが、ここだけを観るのではなく、構成数全体を観て解釈していく必要があるのです。

慣れないうちは難しいかもしれませんが、その人自身をあらわす数字を眺めているうちに、「数字が動く」ようになってきます。この感覚を言葉で表現するのはなかなか難しいのですが、それぞれの数字の影響や支え合いといった〝**数字同士のつながり**〟がみえてくる感じです。

こうして数字を読み解くセンスを磨いていくと、より深くその人のことがわかるようになるでしょう。

「マカレン数秘術」では、扱う数字を大きく3つのグループに分けているとお話ししました。3つのグループについて、もう一度おさらいしておきましょう。

【1、4、5、8、22】現実性（リアリティ）

キーワード：お金、仕事、利益、安定、権力、支配、独立、現実的成果

【7】知性（インテリジェンス）

キーワード：知的探求、知性、自己納得、自己探求

【2、3、6、9、11】精神性（スピリチュアリティ）

キーワード：精神性、人助け、感性、感受性、セクシュアリティ、家族、宗教、スピリチュアリティ

「仕事」「恋愛・結婚」「子育て」では、この現実性、知性、精神性の数字のバランスがポイ

ントになってきます。

どの構成数にどの数字があるかといったことに加え、構成数のなかで特徴的な働きをしている数字を観ていきます（外見数はそれほど影響度がないので除く）。そのような数字のことを、私は「7持ち」「8持ち」と表現したりすることがあります。

ちなみに、「4、5、7」は、場合によってはその数字の影響が強く出ることがあります。

それでは、具体的な数字をあげながら説明していきましょう。第3章で説明した構成数の関係性を意識しながら読んでいくと、より理解が深まると思います。

マカレン数秘術で占う仕事

数字でわかる仕事の適性

数秘術を使うと、自分がどんな仕事に向いているかがわかります。3つのグループで大まかに職種を分けると、次のようになります。

【1、4、5、8、22】

現実的な数字ですから、金融、営業、商社、貿易、建設、不動産、経理、事務、公務員、製造など、実務的な仕事や、利益を追いかける仕事で力を発揮します。

【7】

研究、開発、情報、システムエンジニア、企画、編集、広告、マスコミなど、何かを突き詰めていくような仕事が向いています。

【2、3、6、9、11】

医療、介護、福祉、教育、美容、ホテル、ブライダル、飲食、アパレル、水商売、芸能、芸術など、人に何かをしてあげたり、自分で表現していったりするような仕事が向いています。

構成数にある数字が多く当てはまるグループ＝その人のグループということになります。また、以下のような数字の組み合わせでも、向いている職種があげられます。

【3、6】

飲食、販売に向いています。これに「2」や「8、9、11」が加わるとホテル、ブライダル、アパレルもいいでしょう。

【1、5、6、7、8】

コンサルタント、マーケティングなど。

【1、4、5、7】
マスコミ、編集、企画など。

【1、5、7、8、9、11】
アーティスト、芸能人、フォトグラファーなど。

前にも述べたように、仕事を観るのは基本的に家系数になりますが、それを支えているほかの数字は何なのかという組み合わせが大切です。その数字によって職種が変わってきたり、たとえ素質はあっても実現できるかどうかまで変わってきたりするからです。

また、「こういう素質や才能がある」とわかっても、現実的、年齢的に方向転換が難しいこともあります。あくまでも現実的に数秘術をどう活かすかということを意識してください。

仕事がうまくいくヒント

では具体的に、どの数字の組み合わせがどんな仕事に向いているのか、説明していきましょう。仕事をあらわす家系数だけでなく、ほかにどんな数字があるのかを観ていくことで、仕事の向き不向きやうまくいくヒントがわかります。

【1、4、8、22がある人】仕事ができる

「1、4、8、22」は仕事の数字であり、お金を生み出す数字です。この数字が多い人は、何かしらの形で仕事を続けようとする意識がある人です。

特に「1」と「8」の組み合わせ、あるいは「22」は「社長の数字」であり、この数字があるかないかで、仕事の実現度が変わってきます。

なかでも「8」を持っているかどうかは仕事に大きく影響します。なぜなら「8」はお金、仕事、利益追求の数字だからです。「8」を持っている人は、多少仕事がきつくても頑張ります。

「1」と「8」がいくら社長の数字でも、ただ「8」を持っているだけでは難しいかもしれません。

リーダーシップを取れる「1」を持っていないと、力を出せなくなります。

また「1」がなくて「8」をたくさん持っているとワーカホリックになりがちで、残業ばかりすることになるかもしれません。なおかつここに安定志向の「4」が加わると、会社を辞めたくても辞められず、ブラック企業に居続ける……といった可能性もあるので注意しましょう。

同様に「1」がない人でも、家系数に「22」がある場合は、仕事で強いリーダーシップを発揮します。

「1、4、6、7、8」の組み合わせなら、会計士や税理士になって独立することも可能です。「1」と「8」は社長の数字ですから、これに「4」の事務経理、「6」の教え上手、「7」の研究分析の意味が絡まるためです。これに「9」があれば司法書士、弁護士にも向いています。「1」と「8」の社長の数字を持っていても、使命数や社会数に「11」があれば、アーティストとして成功するかもしれません。

【1、8＋5の人】営業向き

「1」と「8」に「5」が加わると、営業に適しています。「1」の持つ負けず嫌い、「8」の持つ仕事とお金の要素、「5」の機敏性が合体すると、バリバリの営業になれます。

「1、5、8」が営業の数字ですが、例えばこの数字の組み合わせではなく、「4、6、7」の組み合わせでも、やり方次第では営業成績が出せますが、その場合勤めている会社によるところが大きいでしょう。

例えば「4」は真面目、「6」はいい人であり先生であり、「7」は理性の数字です。競争心やお金意識がなくても、真面目にお客様の声を聞き丁寧に説明していくことで信頼を得られ、お客様のほうから発展させてくれる場合があります。ただ数字や結果ばかり求めるような会社だと難しくなります。

【2が多い人】人間関係が重要

外見数、自我数以外に「2」を持っていたり、特に複数持っている人は、職種で言えば人のためになる仕事や美に関する仕事でよいのですが、何より大事なのは人間関係です。「2」の繊細性を刺激しすぎる環境での仕事では、意欲ややる気が失せていきます。

【3が多い人】職場の調整役

「3」が強い、または多く持っている人は、職種で言えば飲食、販売、セールスなど、あるいはエンターテインメント系に向いていますが、職種というより職場での役割が大事になります。

皆をまとめたり、お客様や取引先との円滑な関係性づくりに力を発揮できることで、仕事がうまくいくでしょう。

【4が多い人】事務、経理、公務員など

「4」は安定志向の数字ですから事務、経理などに向いていますが、これに「6」や「9」が加わると公務員、役所勤め、あるいは医療事務などが向いています。

【5が多い人】興味があることを極める

「5」が強い人は器用なので、ひととおり何でもできますが、本人に興味があるかどうかが鍵になります。また、人とちょっと違うことをしてみたい欲求が強くなるため、「5」「7」「6、9、11」のような組み合わせなら、ヨガのインストラクターやジャズを教えるなど、特殊なものを教える仕事もいいでしょう。

【6が多い人】人を教える仕事、跡取り

「6」は、先生など教え育てる仕事全般に向いていますが、ここに「3」や「9」が組み合わさると、「3」は楽しく、「9」は弱い者のためにという要素が加わるため、小学校の先生、幼稚園の先生、保育士など比較的小さい子どもたちを教える仕事がおすすめです。

また自我数、隠数、核数に「6」があって、「1」と「8」、または「22」の社長ナンバーがあって家業がある人は、跡取りになることが多いでしょう。

【7が多い人】上司との関係がポイント

「7」の数字を強く持っている人は、上司との関係がとても大切になってきます。なんといっても「7」は納得しないものを受け入れない傾向があるため、頭ごなしの命令や理不尽な要求には反発しがちだからです。

せっかく自分に合った仕事をしているのに、上司と合わないだけで「この仕事は私には向いていない」と勘違いしてしまうこともあります。「7」だけが強すぎると、上司と合わないなどの理由で離職しやすくもなります。ただ、ほかの構成数に「4」の安定志向や「8」のお金の数字があれば離職は踏みとどまるでしょう。

私はよく「7」が強いタイプの人から転職の相談を受けたときは、「あなたに今の仕事は向いているけれど、上司と合わないだけだから、上司が替わるまで待つか、職種を変えないで会社を移るかどちらかにしたほうがいいですよ」といったアドバイスをすることもあります。

【9が多い人】「人助け」の仕事

「9」は医療系の数字ですが、単純に家系数に「9」があるから医療系に向いているわけではありません。

「9」に「7」が加わると研究要素が影響するので、薬剤師、療法士、検査技師などの仕事に強くなります。医師でも「7」が強いと研究者的なアプローチをしますし、看護師も「7」が強ければ、専門的な看護が向いています。

さらに「6」が加わると、「6」そのものは先生の数字なので、教える・育てるといった要素が影響しますから、栄養士や助産師、保健師などに適しているといえます。あるいは「9」に「4」が加われば、医療事務が向いているなどと読み取れます。

「9」には医師も入りますが、これに社長の数字である「1」と「8」の組み合わせか、「22」のどちらかが加わると、開業医になる素質が生まれます。ただこれに「4」が加わると、安定志向が独立を阻むので、親が土台をつくってくれさえすれば開業医や経営者になれるでしょう。

ちなみに「9」は人助けの数字でもあるため、私がこれまで占ってきた経験上、「9」を

4つ以上持っている人には経営者が多いです。「9」が多い人は、「人のためになんでもする」人なので、逆にとても強い数字になるのです。例えば、自分で苦労して起業した会社が軌道に乗ると、すぐに人に譲って自分は別の会社を立ち上げるような人もいます。

【11が多い人】アート系、カウンセラーなど

「11」はアーティスト、医療、美に関するもの、カウンセラーなども職種としては適していますし、スピリチュアリティの強い数字ですから、占いやセラピストなどにも向いています。しかし、ほかの数字に仕事の「8」「22」、あるいはやり抜く「1」や、興味のあることを実現する「5」などの数字がうまく絡まないと、仕事としてきちんとできない場合があります。

そして何より「11」は精神的不安定を招きやすいので、それに打ち克つ意志の強い数字があるかどうかです。「11」を現実的に支える数字が必要になります。

【1、4、8、22がない人】仕事の数字がなくても大丈夫

「1、4、8、22」は仕事の数字だと述べました。なかには、構成数のなかにこうした数字がない人もいますが、このような人は仕事ができないかというと、決してそんなことはありません。

仕事の数字を持っていない人のなかには、結婚して専業主婦（夫）になる人もいます。主婦としての仕事は多岐にわたりますから、いろいろな分野の能力が必要となります。

ただ、こうした人が離婚を考える場合、まず現実的に経済力をつけなければならないため、私は何か資格を取ることをおすすめしています。資格があれば、それがお金を生んでくれるからです。

また、「1」を持っていない人は、自分の考えがまとまりにくい傾向があります。つまり、自分で決められないのです。仕事においては不利になることがあるため、このような人は「1」を持っている人と組むことでうまくいきます。

私の基本的なスタンスは、「その人が持っている数字を使って、いかにいい人生を生きていくか」ということです。自分にない数字があっても、資格を取ったり手に職をつけたり、人と組んだりすることで、補っていけばいいのです。

職場の人間関係に役立つ数秘術

数秘術で観た自分に合う仕事、理想の仕事につけたらよいのかというと、それだけでは仕事はうまくいきません。

職種は合っていても人間関係、特に上司との関係によってうまくいかないときもありますし、反対に合わない職種でも職場の人間関係や立場によって成功したり、充実したりします。

ここでは、上司との関係や部下の育て方などについて、数字の面からアドバイスしていきましょう。

【7がある上司・部下】「納得」できるかどうかが重要

上司部下の関係では、互いに「7」が誕生数や使命数、家系数、演技数あるいは核数にあると概ね良好です。理屈でものをとらえますし、話し合いを大事にするし、こだわりを理解し合えるからです。

上司に「7」がなく自分に「7」がある場合、話し合いや納得のいく命令が得られないと苦痛を感じます。自分に現実性のグループの数字があれば反抗心が全面に出ますし、精神性のグループの数字しか持っていなければメンタルがやられてしまいます。

逆に上司に「7」があり部下に「7」がない場合は、部下が仕事の意図を理解しなかったり、報告も不完全だったりと、いつもイラついて接しなければならなくなります。このような場合、上司のやり方を熟知した部下が身近にいるとやりやすくなります。

ちなみに「7」が強い社長は、すべてに目を通していないと気が済まないし、こだわりが強いので、まわりはなかなか大変です。

【7の多い職場】「7」同士でつながりやすい

同僚のなかで、もしあなた1人が「7」が強ければ孤立します。特に「4」の強い集団に「7」が強い人がポツンといた場合、ほかの人のルーティン的な、あるいは自分のことだけ黙々とやって波風立てない風潮にイラ立ちを覚えるかもしれません。

しかし、「7」が多い職場では、逆のことが起こります。

不思議なことに、「7」を持つ人は個人的には群れを嫌うのですが、自分を守る強い数字があって、その集団に「7」という話が通じる仲間がいると、その集団のなかだけに限って結託する傾向があります。

「7ボス」がよい資質を持っていれば、「7子分」たちは理解のある協力的な職場環境をつくります。

一方で、「7」を持つボス的な存在がいて、そのまわりに弱い「7」を持つ人が数人いると、猿山的なグループをつくり、いじめなどの問題が起こりやすくなります。ボス的な「7」にまかせておくと、その支配下の「7」たちがほかの人間関係を知的パワハラで制圧しますから、その部署を取り仕切る上司がリーダーシップに欠けている場合、非常に都合のいい環境になるため、大変厄介です。

例えば、ある人が勇気を持って上司にいじめ相談に行って「わかった。何とかしよう」と言われても、その上司が「7ボス」にそれを伝えてしまうと、「7ボス」は「7子分」を使って上司に訴えた者に圧をかける、といったことが起こるため注意が必要です。

【1がない上司・1がある部下】

上司的なポジションについたのに「1」がない人は、基本的に部下をまとめたり指図したりが苦手で、ついつい何でも自分が処理しなければならなくなったりして負担が大きくなります。

また、部下的な立場なのに、魂数や自我数、隠数など部分的に「1」がある人、特にそれに加えて「7」がある人は、上司がよっぽど尊敬できる人でなければ、いつも見下して接することになります。

【3が多い上司・部下】

「3」が強い部下がいたら、おだてて、褒めて仕事をさせましょう。

上司が「3」ならば、明るくて一見物わかりがよさそうですが、約束を忘れる、責任を取らないなど、肝心なときに落胆させられる場合があります。自分はしっかりと仕事をしながら、その上司の上の信頼できる人とパイプをつないでおきましょう。

【自我数5の上司・部下】仕事とプライベートを分ける

自我数に「5」がある人は、職場とプライベートを切り離しているので、仕事場以外でのつきあいはなるべくしません。そういうつきあいを強要したりする職場は苦痛に感じます。あるいは自我数「5」でほかに現実性の強い数字を持っている人は、そういったつきあいを強要されてもあっさりと拒否します。

まだまだあるのですが、まさにケース・バイ・ケースで、さまざまな相性があります。数字を出すと、相手との関係性がわかりますから、どのように対応すればいいかがみえてきます。

細かく指導したほうがいいのか、ある程度本人の裁量にまかせたほうがいいのか、あるいは個人主義でいくのか、家庭的な雰囲気の職場にするのか——さまざまな仕事に関する課題、問題解決のヒントを、マカレン数秘術でみつけていただければと思います。

恋愛・結婚で特徴的な数字

マカレン数秘術では、恋愛や結婚の傾向も読み解くことができます。

「仕事＝家系数」がすべてではないのと同様、「恋愛・結婚＝自我数」とは限りません。あくまでも組み合わせで特徴が出るので、個々のケースを細かく観ないと深い理解はできないのですが、例としてわかりやすいものや特別な意味があるケースを説明していきましょう。

恋愛や結婚においても、

【1、4、5、8、22】現実性（リアリティ）
【7】知性（インテリジェンス）
【2、3、6、9、11】精神性（スピリチュアリティ）

の3つのグループによって特徴がありますが、そのなかでも「7」と「11」は恋愛に深く関与する数字です。それに加えて「2」と「11」は非常に似ているので、「7」と「11」と「2」があると、恋愛では特徴が出やすくなります。まずはこの3つの数字から解説していきましょう。

【7の恋愛・結婚の傾向】職場恋愛、職場結婚が多い

「7」を持つ女性は職場恋愛、職場結婚が多い傾向があります。なぜでしょうか。

「7」は自己納得の数字です。ですから、自分がこの目で確かめなくては納得できないのです。「7」が強い女性に一目惚れはほとんどなく、合コン、婚活、紹介系でも成果が出ず、ましてナンパに引っかかるなどあり得ません。「7」は分析力が高いため、周囲の人の行動、仕事ぶり、他人とのかかわり、自分との接し方など、日常的な接触を繰り返しながら無意識に人をランクづけしていきます。

それが女性の場合なら、周囲の男性を「この人はこういう人」「恋愛対象外」「仕事ができるorできない」「裏表があるorない」などと分析します。男性への見方が非常に厳しいのです。

そのなかで気になる男性が出てきて相手から何らかのアプローチがあれば、なおかつその相手がすでに自分のなかでランク入りしているのであれば、そのアプローチに応じます。逆に言えば、ランク外の男性ならばお断りということです。

そして、「7」持ちの女性はつきあいはじめてからも審査を継続します。「こんなときにこんなこと言うの？」とか、レストランの店員に対する態度など、さまざまなことをデートのたびに審査して、その減点が一定のレベルを下回り続けたとき、急激に冷めていきます。

ですから「7」持ちの女性は、男性と接する機会が少ない職場環境だと、恋愛のチャンスが訪れにくくなります。あるいは、男性が多い職場でも、「7」持ちの女性は審査が厳しいので、なかなか合格者の男性が出ない場合もあります。

出会いがない場合は、ぜひ外に行きましょう。趣味、習い事、スポーツサークル、セミナー、ボランティアなど男女が何か共通の活動を定期的にする場所です。仕事をまだしてない学生なら、クラスが一緒、部活、サークル、アルバイト先、ゼミが一緒などの環境で恋愛のチャンスがあります。

また、「7」は論理的なので、言葉によるコミュニケーションを大切にします。そのため、「7」持ちの女性は「7」なしの男性とつきあっていても、話し合いができないためうまくいきません。

「7」持ちの女性は、同じく会話を大切にする「7」持ちの男性に惹かれやすい傾向があります。2人が何かを決めるときは話し合いが基本なのですが、「7」の女性のほうが「7」の男性に惚れ込んでいる場合は、「7」の男性の話術で丸め込まれてしまうことがよくあります。

もちろん、構成数が「7」だけの人はいませんから、ほかの構成数による影響も出てきます。例えば「7」に加えて「1、8」を持っている女性は、男性の言うことをあまり聞きません。

構成数に「5」と「7」がある人は、男女を問わず個人主義なところがあります。

個人主義な「7」同士の夫婦は、休みの日でもお互い別行動を取ることもあります。でも決してドライなわけではなく、ひとたび会話がはじまると盛り上がったりします。

ちなみに「5」の人が、「7」や「11」をあわせ持っていると、恋愛はしやすくなりますが、長続きするかどうかは相手次第というところでしょう。

【2、11の恋愛・結婚の傾向】同じ数字を持っている人に惹かれる

「2」または「11」の数字を持っている人は、男女問わず、相手に「2」または「11」がないとなかなかしっくりきません。

「11」は強い感受性とセクシュアリティの数字なので、傷つきやすい、ネガティブ、甘えたい、愛されたい、ジェラシーが激しいなどのメンタルを内包していますから、恋愛したら密着度がかなり強くなります。いつも一緒にいたい、ほかの人に渡したくないなどの欲求が強くなっていくので、相手にも「11」がないと、なかなか満たされません。

例えば女性に「11」があって男性になければ、女心をわかってもらえませんし、男性に「11」があって女性になければ、男性の甘えたい願望が満たされないというようなギャップを生み出します。逆に、「2」か「11」を持っていない人は、密着度も弱く、セックスも淡泊な傾向があります。

さらに、「11」と「7」の両方を持つ女性は、もっと複雑になります。

身近なところで、「7」を持ち、さらに「11」を持つ男性を見つけなければなりませんが、「7」の女性はまず「7」のアンテナで探す傾向があるので、「7」持ちで「11」なしの男性を選んでしまったりします。

反対に「11」を持っていても、「7」がない相手とは言葉によるコミュニケーションがとれないので、遠距離恋愛の場合うまくいきません。

核数「11」の人にとって、本当に男女としてしっくりくるのは核数「11」同士だけです。お互いに核数「11」を持っていて、「7」も持っている組み合わせのカップルになると、話が尽きないでしょう。

「7」持ちで核数「11」の女性にとって、本当にこの人だと思える人に出会うのは、少々ハードルが高そうです。

数字でわかる恋愛・結婚の傾向

次に、「2、7、11」以外の、恋愛・結婚で特徴的なケースを紹介していきます。

数字の組み合わせだけでなく、どの構成数にどの数字があるか、そして男女によっても違いがあります。

【隠数・核数に3がある男性】プレイボーイの傾向あり

隠数・核数に「3」がある男性は、責任を取りたがらない傾向があります。長くつきあっていてもなかなか結婚に至らない場合が出てきます。

さらに核数「3」で、「7」を多く持っていて「1」がない男性も要注意。いわゆるプレイボーイで、つきあっているのにそれを認めないでしょう。確証を持てるような言葉は言わず、愛情表現もしない男性が多く、なかなか結婚しようとしません。

【4が多い女性】奥手で警戒心が強い

「4」が強い女性は安定志向が強く、真面目な性格のせいか、なかなか男性とつきあうことが難しい場合が多いです。「7」や「11」のような数を持っていても、「4」が強い女性は、男性に対してシャッターを下ろす傾向が強くあり、いいなと思っている男性にアプローチされても、なぜか心とは裏腹に「いいです、いいです」と断ってしまうことになります。

【4が多い男性】リスクを負いたくない

女性の「4」は「真面目、堅い、奥手」な恋愛傾向ですが、男性の場合は「確実なものにしか手を出さない、自分の身を守る、リスクを負わない」などの要素が働きます。

よい面としてあらわれれば、きちんと結婚を考えてつきあうというような誠実性を持って恋愛しますが、悪い面があらわれる場合、自分を守る意識が強いので、リスクがあれば結婚はしないし、離婚となっても「自分を守るためにはどうすればいいのか?」が重要になります。

利があれば離婚に応じますが、自分が不利な立場になるのなら離婚には応じません。したたかでちょっとずるい恋愛傾向といってもいいでしょう。

【自我数2、3、9、11の女性】ついダメ男に惹かれてしまう

自我数に「2、3、9、11」がある女性は、相手の男性に合わせてしまって、言いなりになってしまいがちな傾向があります。

いわゆる男性に尽くすタイプなのですが、場合によってはダメ男の面倒をみる人もいるでしょう。クセのある男性に合わせてしまっているケースも多く、まわりからは「なんであんな男性とつきあっているのか」と思われてしまうこともあります。

【自我数2、3、9、11の男性】彼女や妻に優しい

自我数に「2、3、9、11」がある男性は、恋人や妻に優しい場合が多いです。女性を叱ったりはしませんし、好きなことをやらせてくれるでしょう。

ただ、優しいだけに欠点もあります。結婚してから身近なところにいる女性の相談に乗っているうちに、「この人は俺を必要としている」みたいな錯覚をしがちなのです。その状態になると、結果的に浮気をします。能動的浮気ではなく、受動的浮気をしてしまう傾向があるのです。

【自我数1、8、22の女性】〝自分〟を持っている

これらの数字を持つ女性はプライベートになれば強いので、表面的におとなしかったり、愛想がよかったりしても、男の言いなりになったり、虐《しいた》げられたりはしません。「1」や「8」の場合は仕切っていきますし、「22」は自分本位です。

もちろんほかの数字との絡みによって、多少違いが出てきます。

例えば自我数「1、8」で、「9」や「11」を持っている場合、積極的に男の面倒をみたり、結婚したら家族の中心になっていきます。

ただ、「2、11」系がなければ恋愛・結婚がそれほど必要なく、たとえつきあっていても男性中心のつきあいはせず、自分の都合が第一になります。「22」の場合はすべて自分に合わせてくれるような関係でなければ、つきあいません。

しっかりしているといえばしっかりしている、ということです。

【自我数1、8、22の男性】亭主関白になる可能性大

自我数「1、8、22」の男性は亭主関白です。もちろん、ほかの数字の組み合わせにもよりますが、例えば核数に「4」があって自我数が「22」の場合、指図はしないけれども自分

のいいように相手を動かそうとします。核数「1」で自我数「22」の場合は、もっとわかりやすく「あれをしてくれ」「これをしろ」といろいろ指示をするタイプです。

【自我数、隠数、核数に6がある人】親との関係が大事

自我数、隠数、核数に「6」がある人は、基本的に実家寄りの生き方をします。

結婚も親の気持ちを優先させる傾向があります。つまり、親はどう思うのかといった発想で決めてしまいがちなのです。相手に対して親がいい顔をしないと、気持ちが冷めてしまったりもします。

結婚して、実家に近いところに住む傾向があるのも「6」の特徴です。結婚後も親とのつながりを大事にできる、させてくれる相手を選びます。女性の場合、結婚して子どもができると旦那さんはほぼお役御免で、あとは父親としてふさわしくあればそれでいいという感じになります。逆に、父親としてふさわしくない行動を取ったら離婚というわけです。

自分の親と自分、そして自分の子どもという血のつながりを大事にします。

【同じ数字を持っているカップル】相性がいいとは限らない

恋愛や結婚を占うとき、カップルの数字を出してみると、2人の構成数が重なっていること

とがあります。

それをみた方からは、よく「私たちは相性がいいんでしょうか」と聞かれるのですが、ここが難しいところなのです。

相性がいいことは確かです。しかし、それはあくまでも恋愛の場合であって、結婚してうまくいくかどうかはまた別の話です。

結婚はさまざまな条件があって成り立つものです。お金や仕事といった現実的な価値観や男女の相性、家族との関係などが絡み合っています。こうした違いが決定打となって、残念ながら離婚してしまうカップルもいます。あとあと仮面夫婦になる場合もあるし、端《はな》から仮面夫婦として成立しているカップルもいます。

一方で、紹介やお見合いで、当初はあまり好みではなかったのに、まあまあだからと結婚してみたら、何かとってもしっくりきてしまって離れられなくなってしまうようなカップルもいるのです。

数字同士による恋愛傾向というのはある程度読むことができますが、実際は職場の相性と同様、ケース・バイ・ケースであり、男と女としてはあり得ない数字の組み合わせでも、長くつきあっていたり、結婚生活を続けていらっしゃるカップルも多いです。

恋愛・結婚というものに方程式はない、と私は思っています。

数秘術でここまでわかる③——相性編

マカレン数秘術では、夫婦や恋人、親子や上司と部下などの相性を占うこともできます。相性を観ることができるようになると、ますますその奥深さにハマってしまうかもしれません。

今回は、相性の例として、誰もが知っている2組のご夫婦について紹介しましょう。

【CASE1】内田裕也さん×樹木希林さん夫妻

樹木希林さんへの先入観を排除して、数秘術的に観ていきます。

樹木希林さんの生まれたときの本名は中谷啓子さんです。ここで出てくる数字が彼女そのものです。これに親や生い立ち、かかわった人、環境が加わって、その人を形づくっていくのです。

まず、核数が「11」です。根っからのアーティスト資質で、感受性が人一倍強い人です。同時に、メンタルも不安定なところがあります。情愛が深く、甘えたい、愛されたい、愛したい願望が強い半面、嫉妬心も強いのです。

ですので、ハッピーなときとダウンしたときの落差が激しく、しかもそれが一瞬で変わるので、まわりもなぜそうなるのかわかりませんし、自分も自分の感受性を制御できないところがあります。だからこそ、アーティストなのです。

このようなやや複雑な感性が根底にあることを前提に、さらに彼女を観ていきます。

誕生数I、IIとも「6」なので模範的であり、人としてきちんとしていなければならない意識が強いです。影数「3」なのでユーモアもあり、「6」の模範的な雰囲気をやわらげています。

ただ、社会数と魂数が自由人をあらわす「5」です。模範的な「6」と自由の「5」で矛盾しています。さらに厄介なのは隠数が「7」のところです。何かと理屈っぽく、納得しないものは受け入れない理性的で偏屈なところがあるにもかかわらず、根底は理性とは反する感受性の王様「11」なのです。

ですから、自由人として生きているのに、気分によっては急に模範的な意見を言い聞かせたり、逆に「どうでもいいじゃない」といった発言をしたりします。気に入らない人には理性的に批判する一方で、気に入った人に対しては徹底的に面倒見がいいのです。

さらにわかりにくいのは、自我数「6」なのでもっとも大事なのは家族であるところ。つ

〈芸名〉樹木希林
中谷啓子（NAKATANI KEIKO） 1943年1月15日生まれ
〈結婚後〉内田啓子（UCHIDA KEIKO）

	誕生数（Ⅰ・影数・Ⅱ）			社会数	魂数	外見数	使命数
	6	3	6	5	5	9	11
改姓後				7	6	1	4

家系数	自我数	演技数	隠数	核数
8	6	1	7	11

まり家族が1番の人なので、本来は他人とそれほど深くかかわることはありません。ですから仲良くしているつもりでも急に疎遠になったりします。

演技数「1」なので、責任感は強く、頑張り屋です。男性に関しては「この人だ」という人にはなかなか巡り会いにくい数字を持っています。「7」を持っていてなおかつ核数「11」の女性が本当にのめり込むほどの対象者は、同じ「7」持ちで核数「11」の男性だけなのです。

ただ自我数「6」を持っているので、家族をつくってくれる人を必要とします。また子どもに対しての思い入れが強いため、子どもを持ったあと、子どもがその思いに応えてくれないと、かなり孤独感の強い人生になります。

また家系数は仕事とお金の数字「8」を持っているので、私生活が多少ギクシャクしても、仕事が順調ならば充実した日々を送れるでしょう。

以上が数字のみで読み解いた樹木希林さんです。

内田裕也（UCHIDA YUYA） 1939年11月17日生まれ

誕生数（Ⅰ・影数・Ⅱ）			社会数	魂数	外見数	使命数
5	4	8	1	8	11	6
		家系数	自我数	演技数	隠数	核数
		1	9	4	1	4

実際の彼女は女優ですからそのアーティスト性を発揮し、厄介な面も個性として親しまれたのでしょう。また娘の也哉子さんも婿取りで同居をしていたようなので、希林さんは幸せだったのではないでしょうか。何せ也哉子さんの自我数も「6」ですから。

再婚相手の内田裕也さんとは、特殊な結婚生活を最後まで続けていましたね。先ほど説明したように、希林さんが本当に望むパートナーの数字は「7」持ちで核数「11」の男性。裕也さんには「7」はありません。「11」はありますが外見数なので、見せかけだけなのです。

内田裕也さんの数字を観ると、矛盾している数字が並んでいます。誕生数Ⅰが「5」で、表面上は自由人。社会数と家系数が「1」で目立ちたがりで自己顕示欲が強く、「8」も強いので仕事意欲も旺盛です。

ところが根底にある核数や影数、演技数に安定志向の「4」があるのです。ですから本質は真面目ですし慎重派です。ただし執着も強く、隠数「1」で〝俺がやってあげている感〟を強く出します。

また自我数の「9」は女性に優しく、面倒見もいいのですが、女性が自立しようとすると引き留めたりするところがあります。使命数「6」は人を育てたり教えたりする役目があります。ロックンロール界のゴッドファーザーと言われた彼らしいですね。裕也さんという人物は、自由人でありながら核数「4」で、群れを好んだのではないでしょうか。

そんな裕也さんに希林さんが惹かれたのはおそらく、希林さんの「5」と「6」の自己矛盾の感覚によって、裕也さんの自由な感じや優しさ、そして外見数「11」が化学反応を起こしたような感じだったのかもしれません。

ただ時間が経つにつれて、彼女の強い感受性が裕也さんには手に負えなくなり、離婚したくなったのですが、希林さんのジェラシー、そして家族を壊したくないという思いから、最終的には離婚に踏み切れなかったのでしょう。裕也さんの使命数「6」は、「人としてきちんとしなければ」という意味を持つ数字ですから、それが作用して別居婚という特殊な結婚生活を最後まで続けたのではないでしょうか。

【CASE2】野村克也さん×沙知代さん夫妻

まず野村克也さんの数字から、客観的にどんな人なのかを読み解いていきます。

核数「5」なので、自由人であり、興味があることしかやらない、縛られたくない、気まぐれで飽きっぽい。これが基盤にあります。

誕生数ⅠとⅡは「8」と「11」です。外面的にはお金と仕事の現実的な「8」がありますが、その後に「11」があるので、感受性が強く、情愛も深く甘えん坊でもあります。影数は「1」ですから頑張り屋であり、自分のメンタルの弱さをなんとか克服しようとします。「1」は家系数にもありますから、仕事など公の場では強い上昇志向があり、弱みをみせずにリーダーとしての役目も果たせます。

社会数は「9」で、慈悲があると同時に自分から率先して主張することはありません。加えて「7」を持っているので、対人関係ではじっくり相手を観察、分析していきます。

魂数「6」は人の模範になり、教え育てたい欲求があり、そこに「7」が絡むので理にかなった教えを構築したい人です。

外見数「3」で、根底に「5」があることも加わり、顔立ちは子どもっぽい人でしょう。使命数が「8」なので仕事熱心ですし、利益追求も強く、自我数「8」はプライベートでは〝ジャイアンタイプ〟です。ただ演技数「9」なので、公では優しい人です。

隠数が「7」ですから、とにかく理屈っぽく皮肉屋です。ただし根底にある核数が「5」なので、理路整然としているように見えて、衝動的なところも。周囲の人は彼の行動をなかなか読めず、振り回されることも多かったのではないでしょうか。ただし、自分のお気に入りの人に対しては情をかけます。

では、実際の野村克也さんはどうでしょうか。

まさに、数字から読み取ったとおりの人ですね。一見、わかりづらい印象を与える人ですが、数字の絡みから読み取れば、むしろ非常にわかりやすい人です。冷静で理論派でありながら、嫉妬深く猜疑心が強い。彼が残したさまざまなエピソードにそれがよくあらわれています。

野球理論に対するこだわりがあり、ＩＤ野球と称してデータ重視の野球をヤクルト監督時代に敢行して成功させました。もちろん本人の現役時代も人一倍の研究心や向上心でトップをつかむのですが、その原動力となったのは彼の反抗心や嫉妬心だったのでしょう。

彼自身、もともと巨人ファンでありながら、巨人には入団できず、パ・リーグの南海ホークスに身を置きました。かたや同時期のセ・リーグには王選手や長嶋選手というスーパースターがいました。そんな輝いていた彼らがいたからこそ、彼は「負けるものか」と頑張り続けたのです。

解説者になってからも、独自の視点による従来の価値を転換させるようなコメントで、ファンや関係者から注目を浴びました。その視点や思考回路がビジネスや人生に通じると、数々

野村克也（NOMURA KATSUYA）　1935年6月29日生まれ

誕生数（I・影数・II）			社会数	魂数	外見数	使命数
8	1	11	9	6	3	8
		家系数	自我数	演技数	隠数	核数
		1	8	9	7	5

の著書も世に出しました。

ただ、私生活においては何かと話題になることが多々ありました。夫人である沙知代さんと出会ったときは、互いに既婚者でした。また、彼女の言動はよくも悪くも数々の話題を振りまきました。それだけでなく、彼の監督時代は、現場に口出しするなどしてかなりの混乱を招いたようです。

ただそれも、野村克也さんの数字と沙知代さんの数字を重ねてみると、２人の関係が周囲からは計り知れないような、心地よく強いつながりだったからではないかと想像できます。

野村沙知代さんの生まれたときにつけられた名前は、伊東芳枝さんです。沙知代さんには「7」が多く、このご夫婦は「7」でつながっていたのだと思われます。全体的に「7」と「8」が多い人なので、簡単に言えば理屈っぽく利益追求の人です。

克也さんから見れば沙知代さんは「11」がないので、「11」の持つ感受性や甘えたい願望は、本来彼女では満たされません。ただ、

伊東芳枝（ITO YOSHIE）　1932年3月26日生まれ

誕生数（Ⅰ・影数・Ⅱ）	社会数	魂数	外見数	使命数
8・7・8	8	8	9	7
家系数	**自我数**	**演技数**	**隠数**	**核数**
8	9	3	7	7

〈結婚後〉野村沙知代（NOMURA SACHIYO）

誕生数（Ⅰ・影数・Ⅱ）	社会数	魂数	外見数	使命数
8・7・8	9	8	1	8
家系数	**自我数**	**演技数**	**隠数**	**核数**
1	8	4	6	7

彼女は自我数「9」なので男に尽くしますから、克也さんとしては甘えられたのでしょう。

また「7」を持つ女性は、「7」の男性を尊敬したら従順になります。克也さんが社会数「9」で自己主張しない分、彼女が成り代わって彼の言い分を外に放出したのでしょう。また、彼女の「7」の強い部分に、頭のいい女性だと感心していたのだと思います。

何より2人とも「8」が多く、利益追求という目的を強く共有しています。まわりがどう思うかは関係なく、克也さんにとっての沙知代さんは、公私にわたるパートナーとして必要な人だったのでしょう。

親子関係は「自我数」がポイント

私のところに来る方のなかで意外と多い悩みが、子育てです。

マカレン数秘術では、その人の本質を解き明かし、それを活かして人と人とのつながりを観ることができます。親と子どもについてもそれができるため、子育てにも役立ちます。

前にも述べたように、マカレン数秘術ではほとんど同じタイミングで生まれた双子の場合でも、出てくる数字はまったく同じにはなりません。誕生数と家系数は同じになりますが、それ以外の数字は変わります（もちろん、計算してたまたま同じ数字が出ることはあります）。

兄弟姉妹が何人もいると、親はどの子にも同じように接してしまいがちですが、その子の数字と親自身の数字を観ると、親子の価値観の相違から感情表現の仕方、資質、才能、性格傾向などを知ることができます。つまり、自分にとって、そして1人ひとりの子どもにとって、よりよい接し方、育て方のヒントが得られるのです。

あくまで組み合わせで読み解くので、すべてを語ることはできませんが、もし、お子さんのことや子育てに悩んでいるのなら参考にしてみてください。

なかでも親子関係に深くかかわっているのが自我数です。以下、自我数の数字別の子育てアドバイスを紹介します。

【自我数1、5、7、11の子ども】子どもに合わせた育て方が大事

「1、5、7、11」を強く持っている子は、育てづらい傾向があります。

ただし、「1、5、7、11」は何かに秀でることができる数字ですから、育て方次第では大物とまでは言いませんが、何かを身につけたりそれを磨き上げたりして生きていける力を持つ人になれることでしょう。

核数に「1」がある子は、簡単に言えば頑固です。それは強い自分が奥底にあるからです。

自我数や核数に「7」がある子は、親の言うことは聞きません。尊敬できる他人の言うことにはよく従います。そういう先生や先輩がいたら、その人たちの力を借りることも方法のひとつです。

「5」が強い子は、何かに興味を持たせる、あるいは興味のあることをじっくり聞き出してそれを実現させていくのがいいでしょう。

「11」を強く持っている子は、あまりに強い圧をかけると心が折れてしまいます。親が「7」が強く、子に「7」がない場合、親が理屈で言い聞かせても、子どもは面倒くさがり、話が長いと聞く耳を持たなくなります。

【自我数2、3、9、11の子ども】甘え下手で本音を言わない

自我数に「2、3、9、11」のどれかを持つ子は、親に甘えず本音を言いませんから、何を考えているか、何を言いたいのかといったことを、時間をかけて寄り添いながら探っていくことが必要です。子どもが何も言ってこないから問題ないのだろうと放っておくのではなく、親のほうから「甘えてもいいんだよ」と、わかりやすく伝えてあげることが大切です。

【自我数8、22の子ども】多少放任主義でもOK

自我数に「8」や「22」を持っている子は、基本的に放っておいても大丈夫です。プライベートに現実性の強い数字を持っているので、親に反抗的な子でも優しい子でも、自分のことを現実的なスタンスで考えた生き方を選ぶはずです。ほかの数字によっては内弁慶的になりますが、ほぼ安心です。

【自我数4の子ども】親の言うことを聞く

自我数「4」の子は、自身が安定志向です。親の言うこと、親のはめた枠からは抜け出さないので、大きな間違いをすることはあまりないでしょう。

【自我数6の子ども】親から離れない

自我数「6」は本当に親寄りの考え方、生き方をしますから、親の何気ない言動に影響を受けていきます。親の近くから離れない子が多く、親にベッタリという子が多くみられます。

「育てにくい」は数字を知るとラクになる

私のところへは、お子さんのことで悩んでいる親御さんたちがたくさんいらっしゃいます。特にここ数年多いのが、発達障害と診断されたがどう育てればいいのか、将来が心配だという類《たぐい》の相談です。

最初にお断りしておきますが、マカレン数秘術は医学ではありません。そのことをご理解いただいたうえで、以下お読みください。

発達障害と診断されたお子さんの数字を出してみると、その子がなぜそう診断されたのかがわかってきます。私からみると、発達障害とひとくくりにして、障害というレッテルを貼るようなことには大きな疑問があるのです。例をあげましょう（以下、敬称略）。

①レオナルド・ダ・ヴィンチ、ヴォルフガング・アマデウス・モーツァルト、アルベルト・アインシュタイン、スティーブ・ジョブズ、ビル・ゲイツ、スーザン・ボイル、米津玄師

②ヴォルフガング・アマデウス・モーツァルト、トーマス・エジソン、ウィル・スミス、マイケル・フェルプス、栗原類

③スティーブン・スピルバーグ、トム・クルーズ、キーラ・ナイトレイ、黒柳徹子、ミッツ・マングローブ

この方々は発達障害であると公表していたり、またはそうだったであろうといわれていま

す。

①は自閉スペクトラム症（ASD）、②は注意欠如・多動症（ADHD）、③は学習障害（LD）です。この方々以外にもベートーベンやディズニー、ピカソなども何らかの障害といわれるものがあったということです。

もちろん発達障害があるから成功したり有名になったりしたわけではないでしょう。しかし数字を読み解くと、みえてくることがあります。何人かの数字を出すと、実はかなり似通った特徴があらわれるのです。

アルベルト・アインシュタイン、レオナルド・ダ・ヴィンチ、スーザン・ボイル、ミッツ・マングローブ、この方々は「5」や「7」や「11」を多く持っているのです。

それぞれの数字の組み合わせで性格や才能は違いがあるのですが、興味のあることしかやらない「5」や、納得しないものは受け入れない「7」、感受性が強く傷つきやすい「11」という数字を持つことによって、いわゆる発達障害と診断されるような行動を取らざるを得ない状況だったとしても不思議ではありません。

こうした数字を強く持っている子、特に「5」や「7」が強い子は、集団生活のなかでは「なんで皆と同じことしなきゃいけないの？」「なんで今これをやらなきゃいけないの？」という思いを強く抱きます。そういう子にとっては、幼稚園、小学校、中学校、高校という集団のなかで規律を守って生活しなければならない期間は、試練、苦痛のときなのではないかと思います。

親や先生は、こうした子どもを「わがままで社会性がない」と決めつけて無理に枠にはめようとしたり、集団のなかでいい子にならなければ将来困るからとか、我慢できないのはよくないといって叱ります。

しかし、それは本当に子どものためになっているのでしょうか。昔は発達障害なんて誰も知らなかった言葉ですが、今は何でもかんでも発達障害にして物事をおさめようとしているようにも感じます。

私たちの時代にも、おそらくそういう子はいっぱいいたのですが、その子たちが突出しない、あるいはまわりもそれを特別扱いしない環境であったのだと思います。それは自由だったからとか進歩的とかという意味ではなくて、です。

むしろ画一的に抑え込む力は、昔のほうがはるかに強かったのではないでしょうか。家庭でも学校でも上の言うことは聞かなければならないし、上の者は力をもってしてでも言うことを聞かせるのが当たり前でしたから、集団生活では、学校でも家庭でも、その場の長の前では誰もが規律に従わざるを得ませんでした。

それでも、言うことを聞かない、落ち着きがない、集中力がないなど、さまざまな子どもがいましたが、病名をつけるようなことはしていませんでした。親も苦戦しながらも、それを子どもの個性と思って育てていたように思います。

ただ今の時代、教育現場では怒ることができず、親側も子どもの自由と権利を主張しますから、子どもたちは自分を抑えることなくその特性を発揮します。これは悪いことではありませんが、抑えることなく特性を発揮することが、集団、社会生活のなかではトラブルに発展してしまうこともあります。

だからこそ、その子の持つ特性をよい方向で発揮させるように大人が仕向けてやらなければならないのですが、親や教師がその子に向き合うことを放棄しているように思えてなりません。もちろん、真剣に向き合っている方もたくさんいらっしゃいます。

その子の数字を読み取ることができて、その子の特性を解き明かすことができれば、そして親自身も自分の数字を読み解いていけば、親子の関係性や価値観の違いなどが明らかになります。

マカレン数秘術で得られた数字の意味をより深く知ることで、子どもの性格、才能、社会性、親への思い、役割などがみえてきます。そして親自身が自分を知ることで、あなたの役割もみえてきます。そうすれば、その子に対する接し方や導き方のヒントがわかってくるはずです。

子育ては難しいものです。そして大変です。でも、親子ですからね。**特別な数字を持った子に誇りに持ち、愛をもって育ててあげてください。**

第6章

幸運を先取りする マカレン数秘術

「９年サイクル」で人生の舵を取る！

「運命の流れ」を知って味方につける

マカレン数秘術では、性格や仕事の適性、恋愛傾向といったことだけでなく、9年周期のライフサイクルを知ることもできます。ライフサイクルとは、いわば運命の流れのようなものです。

ライフサイクルを知ることで、今年はどうすれば流れに乗っていけるのか、来年以降はどうすればいいのかもわかります。

ほかの占いとの大きな違いは、「今年はいい年、悪い年」「結婚する年」「転職に向いている年」などといったことを観るのではなく、あくまでもその人のサイクル、〝流れ〟を観るということです。ですから、いいことが起こる、悪いことが起こる、この年は動いてはいけないという決めつけはありません。

もし、占いで「今年はアンラッキーな年」「転職や引っ越しには向いていません」などと決めつけられてしまったら、何もできなくなってしまいますよね。マカレン数秘術は、未来やこれから起こることを予言するものではないので、やってはいけないことやダメなことがあるわけでもありません。

大切なのは、〝**その年がその人にとってどういう意味がある年なのか**〟を理解することです。

このような自己分析ができていれば、やりたいことを形にしていくべきなのか、あるいはもう少し様子をみながら慎重に進めていったほうがいいのかなど、この先どういうふうに動くかという戦略が立てやすくなります。

それが、自分を信じ、迷いのない人生を生きていくための道標となるのです。

「来年の自分はどうなるのだろう？」ということが知りたくて、占いを使っている人もいるかもしれません。

しかしマカレン数秘術では、「来年、自分がどうなるか」ではなく、「来年、自分はどうするか」を導き出すものです。**運命に流されるのではなく、自分で舵を取るためのツールとして、活用していただければと思います。**

9年でひと巡りする運命サイクル

9年サイクルでは「1」から「9」までの数字が出ますが、以下のようにそれぞれ意味があります。

「1」はじまり
「2」バランス
「3」行動
「4」安定
「5」変化
「6」調和
「7」思考
「8」成果
「9」総括

詳しくはこのあと説明しますが、簡単に言えば、9年サイクルが「1」であればはじまりになる年、「3」なら行動すべき年、「5」なら大きな転機や変化の意味を持つ年、「8」なら何かしらの成果があらわれる年、ということになるでしょう。

そして9年が過ぎると、また新たな9年のサイクルに入ります。

あとから振り返ると「ああ、あの年はそういう意味のある年だったのか」と、まるで答え合わせをするかのようにわかることも多いでしょう。

9年サイクルの出し方

9年サイクルの出し方は簡単です。

調べたい年（西暦）の4つの数字を足していき、1ケタにしたものに、誕生数Ⅰを足すだけです。そこで出た数字が、9年サイクルのなかの年になります。

2020年の場合、

・誕生数Ⅰが「1」の人……「2＋0＋2＋0」＋「1」↓「4＋1＝5」変化の年

・誕生数Ⅰが「9」の人……「2＋0＋2＋0」＋「9」↓「4＋9＝13」↓「1＋3＝4」安定の年

となります。

9年サイクルは、その年の、その数字を起点に動いていきます。それが自分のサイクルとなります。あとは9年ごとにそれが繰り返されていきます。

9年サイクル〈記入例〉

それぞれの数字を1ケタ（1〜9の数字）になるまで足していってください。

「11」は「2」に、「22」は「4」になります。

西暦2011年は「2＋0＋11」に、2022年は「2＋0＋22」と分解して足してください。


調べたい年（西暦）　誕生数Ⅰ　9年サイクルで該当する年

❶ 2 ＋ 0 ＋ 2 ＋ 0 ＋ 1 → 5

1ケタになるまで足す（1〜9の数字にする）

	1	はじまり	2016年
	2	バランス	2017年
	3	行動	2018年
	4	安定	2019年
❷	5	変化	2020年
	6	調和	2021年
	7	思考	2022年
	8	成果	2023年
	9	総括	2024年

（例）誕生数Ⅰが「1」の人が、2020年が9年サイクルのどこにあるかを調べる場合

❶西暦を分解したものと、誕生数Ⅰを、1ケタになるまで足していく。

「2＋0＋2＋0」＋「1」＝「4＋1」＝「5」。

❷ 2020年が「5　変化」の年に該当する。その前後の年も記入することで、自分の9年サイクルがわかる。

例えば２０２０年が「５　変化」の人なら、翌年の２０２１年は「６　調和」、２０２２年は「７　思考」……と続きます。そして「９」の年の翌年は、また「１」に戻ります。

なお、誕生数Ⅰが「11」「22」の人は、これまで説明してきた数字の計算ルールに従って、そのまま足してください（実は「11」を「１＋１」として足しても、「22」を「２＋２」として足しても、９年サイクルの数字は同じ結果になります。しかしほかの数字の計算間違いを防ぐためにも、マカレン数秘術の計算ルールを使うことをおすすめします）。

9年サイクルの数字の意味

では、９年サイクルのそれぞれの数字の意味を説明しましょう。

はじまり

文字どおり、はじまりでありスタートの年です。

この年が起点となって、この年にはじまったこと、この年に出会った人、与えられたものが大事になってきます。逆に言えば、このはじまりの年をどう過ごすかで、この後の9年の流れも大きく変わってきます。

あとで振り返ったときに、「ああ、あの年がスタートだった」とわかるときがくることも多いでしょう。

【2】バランス

スタートの次の年になるので、「1」の年ではじまった物事に慣れたり、何かを選択したり、試行錯誤をする年だといえます。基本的には、大きな動きは見られないでしょう。

スタートの年にはじまったことによって、いろいろなものやこと、人などの情報が入ってくることもあるでしょう。そこから取捨選択をして、バランスをとっていく年になります。

【3】行動

忙しくなる年です。仕事やプライベートに関して、慌ただしい動きが多くなるでしょう。

前年にバランスをとりながら物事に慣れ、取捨選択して固まってくると、今度は行動に移すというわけです。何かをやらなければならなかったり、やらされてしまったりすることもあるかもしれません。

「2」のバランスの年にいい形で物事を選べば、そのままいい形で忙しくなります。逆に悪い形で選べば、悪い形のまま忙しくなります。

【4】安定

安定の年は、「3」での行動が、落ち着きながらも続くという意味があります。いい形で続く場合もあれば、悪い形で続く場合もあるでしょう。

よくも悪くも、その状態で安定していくということになります。

【5】変化

ターニングポイントとなる変化の年です。

9年サイクルの真ん中の年でもあるので、環境が変わるなど、必然的に変わるものが入ってくるでしょう。

ですから、たとえここまでの流れが「悪い」ものであったとしても、この変化の年にいい方向に変えることもできます。

あとになって、「この年が転機だった」と納得することもあるでしょう。

【6】調和

前年の変化を受けて、調和をとりながら慣れていく年です。

大きな変化はありませんが、前年の「5」の年に起こったターニングポイントを調整しながら慣れていくような流れの年になるでしょう。

「2」のバランスの年に似ている印象がありますが、「2」の年は前年にスタートしたばかりのものを受けて、手探りで選択していくのに対して、「6」の年は、ここまで進んできた流れのなかで、調和をとりつつ進んでいくというイメージです。

【7】思考

思考の年という言葉のとおり、自分自身について考える年になります。

大きな動きはありませんが、自分自身の内面に対してスポットが当たる年なので、「自分はこれからどうなるのか」「どうすればいいのか」「このままでいいのか」などと内省することが多くなるでしょう。

具体的な動きはなくとも、何か自分のなかでプランニングをする年でもあります。

【8】成果

「1」ではじまったことの結果が出るのが、この年です。

この結果というのは、よい場合もあれば、悪い場合もあるでしょう。つまり、その前の「1」から「7」の年のあいだにやってきたものの成果になるのです。

この年から「8、9、1」と続く3年間は、9年サイクルのなかでもとても重要な意味を持ちます。この3年間をどう過ごすかによって、その後の9年サイクルも大きく変わってくるといっても過言ではありません。

【9】総括

「8」での成果を受けて、総括をする年です。

このままで行くのか、それとも何かを捨てるのか、または新しいことをはじめるのか。そういったことを総括して、次の「1」のはじまりの年につなげていくのです。

例えば「1」から「8」までの8年間であまりいい結果が出ていなければ、それを踏まえて今の会社を辞めるとか、あるいはいい結果が出ているから独立するなどといったような決断をする人もいるでしょう。

「9」は9年サイクルの最後の年ですが、決して終わりではなく、「1」のはじまりにつなげていくという意味があります。

ちなみに、私が今まで多くの方を観てきてわかったことですが、「8」「9」「1」の年（場合によっては「5」の年も）は結果を出したり、変化をしたりする年に当たるため、結婚する人、または離婚する人がとても多い傾向があります。

「8、9、1」の3年間が、新しい流れをつくる

繰り返しになりますが、9年サイクルのなかでも「8、9、1」の3年間は、とても大切です。「成果」「総括」「はじまり」に当たるこの3年間は、人生のサイクルが変わる時期に当たります。つまり、それまでの結果を出し、自分の人生をリセットしたり、変化させたりする時期になるのです。

先ほど述べたように、この3年間に「5」の年を加えた4年間は、結婚や離婚が多いのもそのためです。結婚がよくて離婚が悪いということではなく、自分の人生を総括して、新た

にはじめる、仕切り直す、という意味でもあります。

例えばあるご夫婦が、「5」の変化の年に別居したとしましょう。それが離婚につながるのか、別居を続けるのか、元のさやに収まるのか、「5」の年に結論が出なかった場合は、次に結果が出るまでに、あと3年くらいかかると考えられます。なぜなら次に結果を出すのは「8」の成果の年になることが多いからです。

もちろん結婚や離婚の場合は、相手の9年サイクルもあるので、同時に観る必要があるのですが、こんなふうに人生の流れを読んでいくパターンもあるということです。

「8」や「9」の年に出した成果や決断によって、新たに「1」からはじまる9年サイクルが吉と出るか凶と出るかが決まることもあるでしょう。

「核数」が9年サイクルに与える影響

9年サイクルについては、その年の西暦を足したものと、その人の誕生数Iを足したものから算出されます。ですから、基本的にはマカレン数秘術でもっとも重要とされる核数は関係ありません。

ただ、核数によっては、9年サイクルに影響されやすい人とされにくい人がいます。

1つは、核数が「9」の人。

本書でも、「9」は自分を隠し、ほかの人に染まりやすい数字として紹介してきました。まわりに影響されやすい「9」を核数に持つ人は、9年サイクルがピタリとはまってしまうタイプと、逆に少々ぼやけてしまうタイプに分かれます。

つまり、ばっちり9年サイクルどおりになってしまうケースもあれば、人の影響を受けやすいためにパートナーや家族など、身近な人の9年サイクルに影響を受けてしまうケースもあるということです。「この年はこういう意味がある年」と言い切れない人が、核数「9」なのです。

人と人とのつながりや、数のつながりを重視するマカレン数秘術が、単純に数字だけでは読めない所以が、ここにあります。

もう1つは、核数が「4」の人です。

核数「4」の人は、9年サイクルの影響を受けにくいといっていいでしょう。それは「4」がルーティンを好む安定志向の数字であり、核数「4」はまさに、自分自身をあまり変えたくない人だからです。

言い換えれば、変化を嫌う人なので、9年サイクルでどれだけ「変化」だ、「はじまり」だ、「行動」だ、といったところで自分から動こうとはしません。

また、核数「4」の対極とも言える核数「5」の人は、衝動的に動くことが多く、自由と変化を好む人なので、逆の意味で9年サイクルの影響を受けないことがあります。「安定」の年だろうと「調和」の年だろうと、変化し、自由に行動し続ける人もいるでしょう。

とはいえ、よく観ていくと、「はじまり」の年に部署異動があったり、「変化」の年に子どもが生まれていたりと、やはり9年サイクルの影響を少なからず受けていることがあるのです。

数秘術でここまでわかる④——9年サイクル編

ここからは、本書で紹介した著名人の方々の「9年サイクル」を観てみましょう。

【CASE1】樹木希林さん　誕生数Ⅰ「6」

まずは樹木希林さん。

1961年、彼女にとって「5　変化」の年に文学座の1期生になっています。そして1965年「9」の年に正座員になるものの、翌1966年「1」の年に退団しています。

つまり、文学座の退団が、彼女にとってのスタートの年になるわけです。

9年サイクルで重要とされる「8、9、1」の年である、1964、65、66年の3年間が、その後の彼女の人生にとって重要だったのがわかります。

この3年間で、彼女は活躍の場を舞台からテレビに移しました。当時にしてみれば一大転機だったのではないでしょうか。

その後、1970年「5　変化」の年にTBSのテレビドラマ『時間ですよ』に出演、女優として一躍メジャーになります。そして1973年、「8　成果」の年に内田裕也さんと結婚します。

それからの活躍は皆さんご存じのとおりです。2013年「3　行動」の年に、日本アカデミー賞最優秀主演女優賞を受賞し、ますます忙しくなっていきます。

彼女が亡くなった2018年は「8　成果」の年。成果の年に、1つの結果を出したといえるでしょう。

【CASE2】田中角栄さん　誕生数I「1」

田中角栄さんは1942年、「8」の年に結婚されています。こうしてみると「8、9、1」の年に結婚する人は本当に多いですね。

1948年、「5　変化」の年に、吉田茂氏を党首とする日本自由党と合同して民主自由党員となり、吉田氏に能力を認められるようになります。ここに、彼の権力と結びつく安定志向も見え隠れします（田中角栄さんは核数「4」の安定志向）。

1957年、次のサイクルの「5」の年に、彼は国務大臣になり、1972年「2」の年に内閣総理大臣になりますが、おそらくその鍵を握ったのはその前年、1971年の「1」のスタートの年だったのではないでしょうか。

1989年「1」の年に、次期総選挙への不出馬を表明します。そして4年後の1993年、「5　変化」の年に亡くなります。それまでは政治家として身も心も捧げた人生でしたが、最後のサイクルで、政界から去り、亡くなっていったのです。

【CASE3】野村克也さん　誕生数Ⅰ「8」

1954年、彼にとっての「9」の年に南海ホークスのテスト生として入団。実質、翌年の1955年の「1」の年が彼にとってのスタートになります。

1957年「3　行動」の年に、ホームラン王になります。1962年、「8　成果」の年にパ・

リーグのシーズン44本塁打を記録し、翌1963年「9　総括」の年にプロ野球シーズン本塁打52本を記録します。そして1965年「2」の年に三冠王になります。彼にとって、「8、9、1、2」と続く1962～65年は乗りに乗っていた年だったのでしょう。

その後、1980年に引退後、1989年「8」の年にヤクルトの監督に就任。翌90年から、データを重視するID野球を掲げてチームを牽引、91年にはヤクルトがAクラスになります。この1989、90、91年の「8、9、1」の3年間も、彼にとって選手を辞めて監督としてやっていくための重要な3年だったのでしょう。

1995年「5」の年にリーグ優勝で日本一になり、1998年「8」の年にヤクルトの監督を退任して阪神の監督に就任します。

2017年に、最愛の妻である沙知代さんが亡くなります。2017年は彼にとって「9総括」の年。彼が亡くなったのはその3年後の2020年ですが、愛妻家の彼にとっては、2017年の沙知代さんの死が、大きな区切りを意味していたのかもしれません。

【CASE4】志村けんさん　誕生数I「1」

志村けんさんは1968年「7」の年に、いかりや長介さんに弟子入りします。「7」は思考、プランニングの年です。

1973年の「3　行動」の年に、メンバー見習いとしてザ・ドリフターズに加入、「志村けん」に改名していますから、行動の年のとおり、忙しくなったということでしょう。翌74年の「4」の年に、正式にメンバーになります。

おそらく志村さんにとって本当に大事な年だったのが、1971年から1979年の「1」から「9」の9年間だったのだと思われます。ドリフターズに加入する前の付き人時代、そして正式なメンバー加入、その間には「東村山音頭」や「ヒゲダンス」などで一躍人気者になりました。

一時期、志村けん死亡説が流れたことがあります。それが1996年、「8」の年なのです。その前の数年間、彼があまりテレビで活躍していなかったことが理由のようですが、実はこの年から志村さんの再躍進がはじまります。翌97年の「9」の年、98年の「1」の年あたりから、バラエティ番組への出演が増えてきて、露出度が高くなるのです。そこからはコンスタントにテレビや舞台に出演し、活躍されていました。

突然の訃報に驚いた2020年は、彼にとって「5　変化」の年でした。

【CASE5】小泉純一郎さん　誕生数Ⅰ「7」

1972年「8」の年に初当選します。そして1978年、「5」の年に結婚、1982年

「9」の年に離婚しています。「8、9、1、5」の年に結婚または離婚する人はとても多いことが、ここでも証明されましたね。

1992年「1」の年に郵政大臣になります。結局、この年が郵政改革のスタートラインに立ったということなのでしょう。

2001年に総裁選に出馬、小泉旋風を巻き起こし、内閣総理大臣になります。この年が「1」のスタートの年になります。ここからの9年間が、政治家・小泉純一郎としてのピークになります。

例えば2002年「2」の年に北朝鮮を訪問し、拉致被害者を解放します。まさに「2」の年らしく、バランスをとって、物事を選択したということになるのでしょう。翌年の2003年、「3」の年はイラク戦争などもあり、彼にとって忙しい年だったでしょう。

2005年「5　変化」の年に、「郵政解散」と命名し、自分の主張を通すために内閣を解散させ、マスコミを巻き込んだ劇場型政治は「小泉劇場」と呼ばれました。

そして2006年「6　調和」の年に退任、2008年「8」の結果を出す年に、立候補しない意向を表明し、政界を引退したのです。

おわりに

この本で紹介した数秘術は、一般的には占いとして扱われています。しかし私自身は、マカレン数秘術は占いではなく、その人自身を解き明かすことだと思っています。

これは言い換えると、その人に光を当てるということです。

暗い部屋に灯りがともるとみえなかったものが浮かび上がるように、その人に光を当てると、それまでみえなかった部分が明らかになります。そうしてそれまでみえていたこと、みえていなかったことも含め、全体像がみえてきます。光を当てて「みえる」と、全体が「観える」ようになるのです。

このように、「たくさんの光を当てる（イルミネーションをする）ことで、その人を目覚めさせる」という意味を込めて、私は「無量光覚士」「イルミネーショニスト」とも名乗っています。

実際に、自分の数字や周囲の人の数字を出してみた人は、

「この数字があればよかったのに」

「この数字があるからダメなんだ」

と思われたかもしれません。しかし幸運への近道は、自分が持って生まれた数字を大切にしていくことだと思うのです。

あなたの生年月日と名前から導き出された数字を幸運のタネにして、人生を通して育てていくことで、幸せになる。私はそう考えています。


「本当にここまで公開していいんですか?」

この本をつくっている最中、私のスタッフや編集者から、何度もこう言われました。しかし、私が長年研究・実践してきた占術を公開することに、迷いはありませんでした。

私の願いはただ1つ、皆様に「マカレン数秘術」でよりよく生きるためのヒントをみつけていただきたいということです。

先行きの不透明な時代だからこそ、周囲に流されずに自分で人生の舵を取っていく。あなたの数字が、これから先の人生を明るく照らしてくれることを祈っています。

マカレン数秘術の鑑定場所

横浜中華街　占い館　愛梨《アイリー》本店
電話　045-663-5009
https://www.irie-yokohama.com/

あなたの数字

誕生数（Ⅰ・影数・Ⅱ）	社会数	魂数	外見数	使命数
☐☐☐	☐	☐	☐	☐

家系数	自我数	演技数	隠数	核数
☐	☐	☐	☐	☐

９年サイクル

それぞれの数字を１ケタ（１～９の数字）になるまで足していってください。

「11」は「２」に、「22」は「４」になります。

西暦 2011 年は「2 ＋ 0 ＋ 11」に、2022 年は「2 ＋ 0 ＋ 22」と分解して足してください。


調べたい年（西暦）　☐ ＋ ☐ ＋ ☐ ＋ ☐ ＋ 誕生数Ⅰ ☐ ＝ ☐ → ９年サイクルで該当する年 ☐

１ケタになるまで足す（１～９の数字にする）

1	はじまり	年
2	バランス	年
3	行動	年
4	安定	年
5	変化	年
6	調和	年
7	思考	年
8	成果	年
9	総括	年

マカレン数秘術パーソナルシート

それぞれの数字を１ケタになるまで足していってください。
ただし、「11」「22」になった場合はそれが最終的な数字になります。11 月生まれ、11 日・22 日生まれなどの場合は、「11」「22」として足していきます。西暦 2011 年は「2 ＋ 0 ＋ 11」に、2022 年は「2 ＋ 0 ＋ 22」と分解して足してください。

生まれ年（西暦）　生まれ月　生まれ日　A　**誕生数Ⅰ**

□＋□＋□＋□＋□＋□＋□＋□＝□→□

１ケタになるまで足す
（11 と 22 はそのまま）

生まれ日　**誕生数Ⅱ**

□＋□→□

A　**誕生数Ⅱ**　**影数**

□＋□→□

※誕生数Ⅰ、Ⅱのどちらかが「９」の場合、影数はなし。
（「９」に足す数字が「２」「22」の場合を除く）

姓のアルファベット（数字に変換）　**B**　**家系数**

□＋□＋□＋□＋□＋□＋□＋□＋□＋□＝□→□

名のアルファベット（数字に変換）　**C**　**自我数**

□＋□＋□＋□＋□＋□＋□＋□＋□＋□＝□→□

姓の母音　名の母音　**E**　**魂数**

□＋□＝□→□

B　**C**　**D**　**社会数**

□＋□＝□→□

D　**E**　**F**　**外見数**

□－□＝□→□

A　**D**　**使命数**

□＋□→□

F　生まれ月　**演技数**

□＋□＋□→□

姓名のイニシャル　**隠数**

□＋□→□

A　**E**　**核数**

□＋□＝□→□

アルファベット数字変換表

1	2	3	4	5	6	7	8	9
A	B	C	D	E	F	G	H	I
J	K	L	M	N	O	P	Q	R
S	T	U	V	W	X	Y	Z	

■は母音。それ以外は子音。

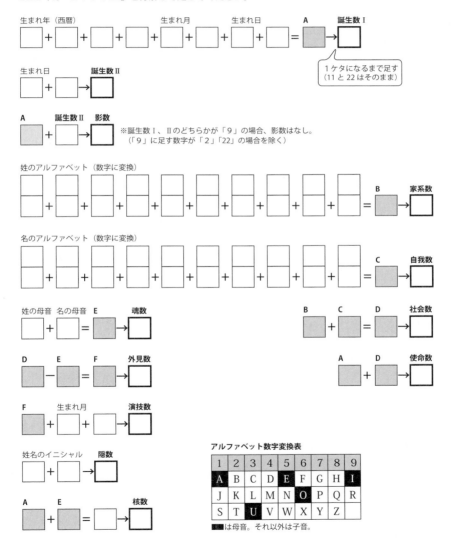

◆変更後の姓

変更後の姓のアルファベット（数字に変換）

□ ＋ □ ＋ □ ＋ □ ＋ □ ＋ □ ＋ □ ＋ □ ＋ □ ＋ □ ＝ G □

変更後の姓の母音 □ ＋ 名の母音 □ ＝ I □ → 新魂数 □

G □ ＋ C □ ＝ H □ → 新社会数 □

H □ － I □ ＝ J □ → 新外見数 □

A □ ＋ H □ → 新使命数 □

あなたの数字

誕生数（Ⅰ・影数・Ⅱ） □ □ □

社会数 □ 改姓後 □

魂数 □ □

外見数 □ □

使命数 □ □

家系数 □　自我数 □　演技数 □　隠数 □　核数 □

9年サイクル

それぞれの数字を1ケタ（1～9の数字）になるまで足していってください。

「11」は「2」に、「22」は「4」になります。

西暦2011年は「2＋0＋11」に、2022年は「2＋0＋22」と分解して足してください。


調べたい年（西暦） □ ＋ □ ＋ □ ＋ □ ＋ 誕生数Ⅰ □ ＝ □ → 9年サイクルで該当する年 □

1ケタになるまで足す（1～9の数字にする）

1	はじまり	年	4	安定	年	7	思考	年
2	バランス	年	5	変化	年	8	成果	年
3	行動	年	6	調和	年	9	総括	年

マカレン数秘術パーソナルシート（改姓版）

それぞれの数字を１ケタになるまで足していってください。
ただし、「11」「22」になった場合はそれが最終的な数字になります。11 月生まれ、11 日・22 日生まれなどの場合は、「11」「22」として足していきます。西暦 2011 年は「2 ＋ 0 ＋ 11」に、2022 年は「2 ＋ 0 ＋ 22」と分解して足してください。

◆生年月日と生まれたときの姓名

生まれ年（西暦）□＋□＋□＋□＋ 生まれ月 □＋□＋ 生まれ日 □＋□＝ A □→ **誕生数Ⅰ** □

1ケタになるまで足す（11 と 22 はそのまま）

生まれ日 □＋□→ **誕生数Ⅱ** □

A □＋ **誕生数Ⅱ** □→ **影数** □

※誕生数Ⅰ、Ⅱのどちらかが「９」の場合、影数はなし。
（「９」に足す数字が「２」「22」の場合を除く）

生まれたときの姓のアルファベット（数字に変換）
□＋□＋□＋□＋□＋□＋□＋□＋□＋□＝ B □→ **家系数** □

名のアルファベット（数字に変換）
□＋□＋□＋□＋□＋□＋□＋□＋□＋□＝ C □→ **自我数** □

姓の母音 □＋ 名の母音 □＝ E □→ **魂数** □

B □＋ C □＝ D □→ **社会数** □

D □－ E □＝ F □→ **外見数** □

A □＋ D □→ **使命数** □

F □＋ 生まれ月 □＋□→ **演技数** □

姓名のイニシャル □＋□→ **隠数** □

A □＋ E □＝□→ **核数** □

アルファベット数字変換表

1	2	3	4	5	6	7	8	9
A	B	C	D	E	F	G	H	I
J	K	L	M	N	O	P	Q	R
S	T	U	V	W	X	Y	Z	

■は母音。それ以外は子音。

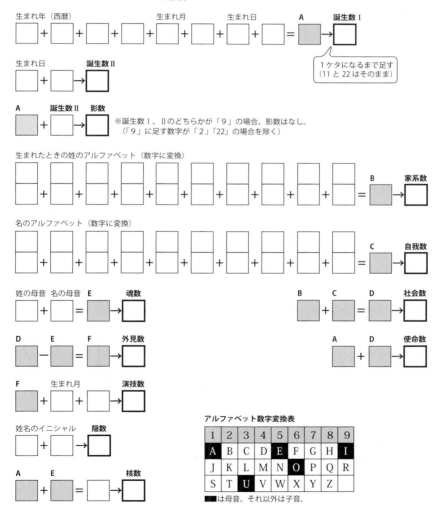

著者紹介

摩訶蓮（マカレン）

横浜中華街で大人気の予約が取れない占い師。単なる占いではなく、占いを通してその人の意識に光を当て、幸運のヒントを伝えるイルミネーショニスト（無量光覚士）として活動している。

生年月日と名前の組み合わせで占うオリジナルの「マカレン数秘術」を考案、その高い的中率が話題となり、数々のメディアで紹介される。

本書はそのオリジナル占術をあますことなく公開した著者初の本である。

マカレン数秘術《すうひじゅつ》

2020年9月10日　第1刷
2022年1月30日　第2刷

著　者　摩《ま》訶《か》蓮《れん》

発行者　小澤源太郎

責任編集　株式会社 プライム涌光

電話　編集部　03(3203)2850

発行所　株式会社 青春出版社

東京都新宿区若松町12番1号〒162-0056
振替番号　00190-7-98602
電話　営業部　03(3207)1916

印刷　大日本印刷　　製本　大口製本

万一、落丁、乱丁がありました節は、お取りかえします。

ISBN978-4-413-11333-5 C0076

青春出版社のA5判シリーズ

「塩少々」をやめると料理はうまくなる
水島弘史

「おやすみなさい」の前に、ほんの1分
心やすまる絶景ポエム
Good Night Books［編］

体は骨格から変わる！
股関節「1分」ダイエット
南雅子

体の不調が消える！
1日10分のリンパヨガ
Lisa

お腹だけのやせ方があった！
くびれ筋トレ
3万人の身体を変えたタイプ別メソッド
石神亮子

痛み、疲れは「動いて」消す！
人体力学
井本邦昭

おいしくやせる！
簡単スパイスカレー
印度カリー子

10歳までに身につけたい
子どもが一生困らない
片づけ・そうじのコツ
この生活習慣が、自己管理力を伸ばします
山口由紀子

お願い　ページわりの関係からここでは一部の既刊本しか掲載してありません。
折り込みの出版案内もご参考にご覧ください。